CARLO

Prólogos por Christ

Pasa de todo
...pero todo pasa

CUANDO EL BUEN HUMOR PREVALECE, LA FE SE FORTALECE

Siempre he sido un libro abierto con respecto a mi vida. Doquiera que voy, siempre encuentro personas con quienes entablo una conversación y me conozcan o no, comparto y hablo de cualquier tema. Ustedes, pues, no han sido la excepción. Decidieron acompañarme en este recorrido de mi vida y he abierto mi corazón, narrándoles mis historias, detalle por detalle.

Es como sentarnos a compartir una taza de un delicioso café en un balcón, donde nos acaricia la brisa y, por casualidad, se escapan unas lágrimas, y esa misma brisa se encarga de secarlas.

En quince años, he tenido dos trasplantes, cáncer cuatro veces, las pérdidas de mi hermana y mi madre, las dificultades económicas, y una que otra infección de bacteria que me ha hecho correr al hospital y permanecer al menos una semana. Pero... ¡estoy vivo, disfrutando de mi familia, como le pedí a Dios!

Mi anhelo es que se identifiquen con al menos uno de mis relatos y que les sirva de aliciente o motivación para creer que, aun en los momentos más dolorosos, hay espacio para abrazar la fé, para recibir el abrazo de nuestro Padre celestial, y así descansar y depositar en Sus brazos todo lo que nos impide ser felices y confiar en Él.

¡Que si han perdido la fe, vuelvan a recuperarla!

¡Que si la tienen, que se fortalezca!

¡Que si no tienen fe, la abracen!

¡Que aprendamos a valorar y a disfrutar
cada momento de nuestra vida!

¡Que cada mañana, agradezcamos
la bendición de estar vivos!

¡Que no desperdiciemos nuestro tiempo
en dar paso a la ira!

¡Que podamos regalar sonrisas a todos!

¡Que amemos intensamente!

¡Que perdonemos!

¡Que abracemos!

¡Que bailemos!

¡Que vivamos!

Porque pasa de TODO...
pero todo pasa.

Lo que dicen los famosos de mi pueblo...

Mis amigos y mi público cruzan generaciones y comunidades, y son tan diversos como yo, que soy actor, comediante, maestro, dramaturgo, libretista, hombre de fe, you-tuber, esposo, padre, abuelo, amigo, hermano, hijo y ahora... ¡autor! Presento sus comentarios; pero no se me desesperen por leer el libro. Los dividí entre los 4 Actos de esta obra de mi vida, según su aparición.

"¡Gracias, Carlos, por haberme permitido ver de qué manera Dios ha influenciado tu vida!

¡Cómo es posible que con todo lo que tú has pasado en tu vida, como relatas en tu libro, tengas tantas fuerzas y deseos de mantener unida a tu familia, ayudarlos a prosperar y seguir los caminos correctos!

Solo hay una respuesta y es la que nos muestras en tu libro; es siguiendo los pasos de Dios. Eres líder, luchador por el bien, y la gente te quiere y te sigue porque saben que Dios está contigo, lo tienes en el corazón y nada ni nadie te vencerá.

Joey Cora
Jugador y Coach de béisbol de Grandes Ligas

"Entre alegría, nostalgia, recuerdos y tristeza, la lectura de las vivencias de Carlos nos recuerda cuán importante es nuestra actitud, la fe en Dios, los detalles con nuestros seres queridos, el compromiso con nuestras responsabilidades, entre otras, para la paz de nuestro espíritu. Con su estilo único, su chispa de humor, nos invita a continuar la lectura, la cual, de manera sencilla, te atrapa y te invita a una profunda reflexión de la vida. ¡GRACIAS, Criollo de Corazón!"

William Miranda Torres
Alcalde
Municipio Autónomo de Caguas, Puerto Rico

"Mi amigo Carlos es un ser de luz único en su clase. En nuestro caminar nos ha dejado ver siempre cuál es la mejor forma de ver la vida. En su libro muestra la transparencia de su alma y su espíritu luchador. No hay mejor momento como el que vivimos hoy para traer estas vivencias. Nos da fuerza para seguir luchando y ver siempre el vaso medio lleno".

Lydia Rivera Denizard
Vicealcaldesa
Municipio de Caguas

"Pasar por procesos que remecen los órganos internos de nuestro cuerpo, esos que dan vida, agilidad, movimiento, sudor, dolor, agotamiento y nuevas fuerzas... ciertamente es muy difícil. Querer manifestar una acción dirigida por el cerebro se vuelve un poco más agotador.

Las células, encargadas de la vitalidad en el organismo, comienzan a defenderse, ya que tenemos billones en nuestro cuerpo. Ellas pueden hacer copias de sí mismas... si no están luchando con algún conflicto de salud en ese ser humano.

Desmenuzar el libro que narra la vida de Carlos Merced es llegar al corazón del ser humano; es ser empático, porque te identificas con el dolor ajeno en esa montaña rusa, que cuando se remonta a la cima sientes que es uno el que está bajando a una velocidad que no sabes cuándo se detendrá; es vivirlo uno mismo. La narrativa me identifica con mis procesos de vida, haciéndome entender que todos los seres humanos pasamos por procesos similares.

Así es que comprendemos que solo la fuerza de Dios nos llena de la valentía necesaria para llevar nuestra cruz día a día. Sí, me quito el sombrero ante ti porque te has montado en esa montaña rusa muchas veces y siempre te has detenido en el carril justo a tiempo.

Les exhorto a que lean esta historia verídica. Dios bendiga tu vida y la de toda tu familia".

Nydia Ramos
Directora de Mercadeo y Medios
Goya Puerto Rico

"Conocí personalmente a Carlos Merced cuando cursaba su maestría en la entonces Universidad del Turabo, hoy UAGM Gurabo. Para ese entonces, cuando él y su esposa Lesbia estudiaban, yo era su Decana. Siguiendo los consejos de la Dra. Ana G. Méndez, siempre dictaba al menos una clase, no importa el puesto administrativo que ocupara. Siempre me dijo: "los estudiantes son la mayor fuente de energía e información para poder ser visionaria en cuanto a cómo transformar la educación".

¡Tener un comediante como Carlos en mi clase fue una experiencia única! Dada mi personalidad y situaciones surgidas en clase, ¡me dijo frente al grupo que yo debía hacer un stand up comedy! Aprendí que la educación también tiene que ser amena y divertida para que sea efectiva, y eso siempre quise transmitir a mis estudiantes... ¡Carlos así lo vio!

¡Al leer sus relatos reí, lloré y me sentí conmovida! Estos relatos llegan a mis manos precisamente cuando más los necesitaba. He estado viviendo situaciones difíciles, y al leer estas memorias me di cuenta que lo que vivo es mucho menos doloroso que las experiencias narradas por mi querido Carlos.

¡Doña Ana tenía razón! Aprendí de mi estudiante que la fe, la solidaridad de amigos y familiares y el sentido del humor nos ayudan a ser resilientes, a confiar que con la ayuda de Dios podemos salir adelante. Aprendí que no podemos derrumbarnos ante la adversidad y que debemos mantenernos fuertes para vivir tranquilos lo que nos quede de vida. Gracias, Carlos, por enseñar algo tan valioso a la que a mucha honra fue tu profesora".

Ángela Candelario
Ex Decana de Educación
Universidad Ana G. Méndez

"Realmente es una bendición de Dios el ser tu hermano, ya que me concede el privilegio de haber sido testigo en primera fila de todo ese caminar a lo largo de tu vida. Me provoca mucho orgullo validar cada recuento que cuidadosamente has plasmado en este libro. No tengo la menor duda de que tu relato le permitirá a cada lector percibir tu noble carácter frente a toda la adversidad que te ha presentado la vida. Sin embargo, lo que sí van a identificar, es la inigualable habilidad que te ha caracterizado de fomentar un amor incondicional por tu familia, por el Puerto Rico que tanto amas y por cada puertorriqueño que te reconoce como la idiosincrasia que cada uno de ellos representa en su diario vivir. Gracias por mami Cocite. Es ella quien te mira con mucho agrado por este relato. Siempre te quiero, Gordo, con toda mi alma".

Tu hermano,
Jimmy Fernández

"Al escuchar o leer la expresión Pasa de todo... pero todo pasa, ¿qué aflora de inmediato en tus pensamientos? El motivo que guio a nuestro colega y amigo Carlos Merced a escribir su libro Pasa de todo...pero todo pasa, han sido las reflexiones sobre las experiencias de vida que durante los últimos años ha afrontado. Describir y valorar a través de vivencias, no tan solo fuertes, sino devastadoras, no es tarea fácil. Si a ello se le suma la negación y cuestionamientos a Dios en torno a "por qué a mí" y "por qué tan fuerte", es realmente cuestión de reflexión íntima y única. Este libro nos expone y nos hace entrar en una meditación profunda; y con un alcance único e irrepetible en nuestro diario vivir.

Carlos Merced luchó, ante sus adversidades de salud física, familiares, emocionales y espirituales que ha vivido y vive, con las herramientas que la ciencia pone a la disposición del ser humano, apoyos de amistad y reconocimientos, pero sobre todo con la fuerza de la Fe en un Dios que nunca falla. Se siente fortalecido con la Gracia, Misericordia, Bondad, Fidelidad, Amor, Paz y la Presencia de Dios en su vida. Todo queda testimoniado en este libro. Te invito a disfrutarlo, y más aún a fortalecer nuestro 'ser y hacer'".

Ana María Delgado Albino, PhD

PASA DE TODO ...PERO TODO PASA
Cuando el buen humor prevalece, la fe se fortalece
© 2023 por Carlos Merced
ISBN: 979-8-89145-676-1

Editado por:
Ofelia Pérez / PowerLionBooks.com

Diseño de portada e interior por:
Nodelis-Loly Figueroa / LordLoly.com

Fotos por:
Johanny Becerra / JohannyBecerra.com

Impreso en Puerto Rico.

DEDICATORIA

A la memoria de mis padres,
Juanita Goytía y Marcial Merced.

A mis hermanos, Zayda, Jorge y Ercilia Merced.

A mi hermano, Jaime Fernández.

A mis suegros, Edith Pérez y José Castillo

A mi amada esposa, Lesbia Feliciano.

A mi querida hija, Andrea Merced,
a su esposo, Ricky Velázquez y a mis nietas,
Giulia y Luna Velázquez-Merced.

A la memoria de
Luis Daniel Santiago Vélez (Prieto),
mi donante de riñón.

AGRADECIMIENTOS

Ante todo, doy gracias a Dios, por su fidelidad,
amor y misericordia, para mi familia y para mí.

Sin embargo, son tantas las personas que han vivido junto
a mi, de lejos y de cerca, las experiencias que comparto,
que merecen este aparte para expresar mi gratitud.

A Ofelia Pérez, mi amada amiga, editora y mentora,
quien se ha ganado el premio y todas las medallas,
por la paciencia y tolerancia conmigo.

Hilda Vélez y Eric Figueroa, por decidir darme vida,
al donarme un riñón de su amado hijo.

Los pastores y amigos, Leslie Hernández y
Luis R. Quiñones, y a los hermanos de la
Iglesia Nación Santa en Florida.

Jeannie González, Tommy Avilés y Jeanellie Avilés.

Los doctores Iván Antúnez, Mario Moquete,
Nikolaos Pyrsopoulos, Bobby Nibhanupudy,
Ayman Koteish y Jorge Kourie.

Dr. L. Thomas Chin, el cirujano de todos mis trasplantes.

Mi amigo y Dr. Carlos Alemañy. El Dr. Aníbal Maldonado
y a su esposa Glamil Rodríguez.

Los empleados del Centro de Diálisis Davita, en Buenaventura Lakes.

Mi exestudiante y hoy Dr. Kenneth Santiago.
Mi exestudiante y hoy Dr. William Vega.

Darlene González, mi querida trabajadora social en Advent Health. Awilda Rodríguez, coordinadora de trasplantes de Advent Health, el ángel que me dio la noticia de mi primer milagro.
El personal de enfermería de Advent Health.

Mi hermano, José Nogueras. María (Milla) De León y José (Wilo) Kercadó.

Edna Vélez y Juan Flores. La familia Piñeiro-García.

Marivette Cáez. Martita Elena Castillo Rivera.
Pancha Rivera Martínez.

Stella Maris Torres. Ademir Rosario-Vega.
Iris Eduarda Gutiérrez.

Anamín Santiago. Maresa Boneta.

La comunidad escolar del Barrio Espino de San Lorenzo.

El Colegio de Actores de Puerto Rico.
Los compañeros de la clase artística puertorriqueña.

La prensa escrita, radial y televisiva de Puerto Rico.

Edwin Ocasio y Edwin Batista. Ivonne Rodríguez y Félix Rivera.

Edwin Pabellón. Yasmín Mejías y Marcos Malory.

Waleska Seda, Víctor Alicea, Carmen Nydia Velázquez, Pedro Juan Texidor, Iris Corchado y Luis A. Vigoreaux.

Las familias Merced, Burgos y Goytía.

Las familias Pérez y Feliciano.

Mis vecinos de Caribe Gardens, Caguax y Santa Elvira.

Mis compañeros de la clase graduada de 1980 de la escuela superior Manuela Toro.

Lissie Ortiz, Josean Ortiz y familia.

Janira Torres, Eduardo Colón y familia.

El pastor Juan Vergara y familia.

Los hermanos de la Iglesia Bautista Ebenezer, de Gurabo. La Primera Iglesia Bautista de Caguas.

Los pastores Pedro Lozada y Lily Díaz. El pastor Harry Nieves.

Nelson Perdomo y Yanira Parés.
La Dra. Giselle y Pedro López.

Los pastores Lismarie Rivera y Danito Hernández.
Félix Pérez. Francheska Liz Vázquez.

Los pastores Yari y Félix José Sepúlveda y su amada iglesia.

Mis excompañeros de Melao Bakery, por su amor y solidaridad.

La pastora y escritora Dayna Monteagudo y su familia.

Rosalina Suárez, quien me adoptó después de viejo.

Los pastores Lisa Coreano y Enzor Rosa.

Mis hermanos de IDEA Church, Orlando.

A la familia Ayala Barbosa

A los doctores Dr. Juan Díaz y Dr. Alexander Velázquez

A Wilfredo López

Y a todos los hermanos y amigos de las redes sociales, que se unieron en oración para que nuestro Padre celestial me bendijera con cada milagro en mi vida, ¡GRACIAS!

ÍNDICE

Prólogo 21

Introducción 27

PRIMER ACTO
Amor, familia y la pasión de actuar

Escena 1   ¡Cosas que pasan! 33

Escena 2   No es fácil ser la oveja teatrera de la familia............37

Escena 3   Papi, el mejor 43

Escena 4   ¡Cuánto se ama a los hermanos! 53

Endosos   **Empresarios apoyando** 58

Mis compañeros artistas... ¡¡juntos en la brecha! 61

SEGUNDO ACTO
Cuando el verdadero amor llega, es para siempre

Escena 5   Un encuentro de novela 67

Escena 6   Preparativos de comedia y boda de famosos 79

Escena 7   ¡Y quisimos ser padres! 89

Escena 8   Nuestra princesa llegó con todo 101

Escena 9   La temida etapa de los cambios en los hijos 109

Escena 10   ¿Abuelo yo? Pues... ¡Sí! 115

Endosos   **Mis amigos periodistas...**
¡qué bueno que no se callan nada! 120

TERCER ACTO

Nuevo comienzo y quebrantos de salud

Escena 11   ¿Nos vamos ya?.................................131

Escena 12   Desafíos, vengan a mí 141

Escena 13   Sin salud, sin ingreso, sin cuidado médico 147

Escena 14   Segunda mudanza 151

Escena 15   Despedida de año muy diferente 159

Escena 16   ¡Por poco me muero! 163

Escena 17   Hacia el trasplante de hígado 173

Escena 18   Infecciones recurrentes 181

Escena 19   Trasplante de riñones 191

Endosos   Mis dedicados y prominentes médicos,
             ex estudiantes y personal de salud con
             gran sentido de responsabilidad y amor............198

CUARTO ACTO

El poder de vivir en fe y dependencia de Dios

Escena 20   Dios te pondrá por cabeza y no por cola 205

Escena 21   Somos uno en la alegría y uno en el dolor 213

Escena 22   El cáncer nos tomó por sorpresa 219

Escena 23   Cuando Dios te dice lo que nadie te dice 227

Escena 24   Conversaciones con mami 233

Escena 25   Los amigos son una bendición 241

Escena 26   Lo que muchos no saben 247

Escena 27   Mi papá está aquí 251

Escena 28   Llegó sin invitación 257

Endosos   Un gran equipo de representantes de la fe,
            a mi alrededor, durante mis procesos 262

Epílogo   271

Acerca del autor 277

PRÓLOGO

El maestro de vida

¿Cuánto se puede vivir en una vida? Pues, si a Carlos Merced le hicieran esta pregunta, seguramente podría responder, "¡cien veces más de lo esperado!" Ciertamente, las páginas de este libro se quedan cortas para cargar la magnitud completa de las vivencias de Carlos. Aún más, jamás se podrá cuantificar en palabras el nivel de sabiduría que ha sido añadido a su vida con cada experiencia.

Los que tenemos la bendición de conocer a Carlos sabemos que su nombre ha sido sinónimo de humor y alegría. Más allá de eso, estas crónicas nos muestran el gran maestro de la vida en la que nuestro Carlos Merced se ha convertido. Maestro en el humor, maestro en las artes, maestro en la fe, maestro del corazón.

¡Un besote!
Christine D'Clario

A merced de Carlos Merced

Cada vez que termino de hacer un prólogo digo que no vuelvo a hacerlo, pues siempre me queda la sensación de que pude hacerlo mejor. Pero eso también me pasa cuando concluyo otra jornada del Camino de Santiago y juro que ya, que este fue el último, pero lo vuelvo a hacer. Y con más gusto y entusiasmo. Pues con el mismo entusiasmo con el que voy a hacer mi sexto Camino de Santiago en los próximos días comienzo a escribir este prólogo, ya que cuando leí los escritos de mi admirado y querido amigo Carlos Merced, quedé a su merced. No pude decir que no.

Hay cinco cosas que siempre he admirado de este amado artista puertorriqueño, y que nos pueden servir de guía para ser mejores personas. Primero: Carlos es una persona humilde. No hay nada que yo rechace con más vehemencia en un ser humano que la prepotencia y la arrogancia. Usualmente ese tipo de persona utiliza esas dos malas cualidades como una verja protectora de su inseguridad. Por el contrario, las personas humildes, como Carlos, se proyectan sin aditivos artificiales, a corazón abierto, con una franca sonrisa como su carta de presentación.

Segundo: Carlos es una persona de una gran fe. ¡Cuidado que le han pasado cosas! Y si no lo sabía, usted se va a enterar en este libro. Pero su fe permanece incólume. Y cuando digo fe, no me refiero a una creencia o religión en específico. Para mí la fe es la convicción de que algo bueno va a suceder, aunque en este momento no tenga ni los datos ni los elementos de juicio que me lleven a esa conclusión. Claro, tu creencia religiosa o tu práctica espiritual van a ser las plataformas que sostengan esa fe. No tengo la menor duda de que la extraordinaria fe que observo en Carlos tiene mucho que ver con la tercera cualidad que admiro de él: su reciedumbre.

No parece haber nada que le quite el ánimo a este gran hombre. A mayor dificultad, más duro lucha. Mientras más obstáculos encuentra, más ánimo exhibe para enfrentarlos. La cuarta cualidad que admiro de Carlos es su capacidad de haber construido con su esposa una hermosa relación de pareja. No todos lo logran. No hace falta compartir mucho con ellos para saber que se aman, que se apoyan y que son un extraordinario equipo de trabajo.

Y, por último, Carlos es un gran talento de nuestro país. Tal vez lo conozcamos por su labor en la comedia, pero me consta que es un gran actor que hace comedia. Su sentido del humor, puesto al servicio de su talento, y evidente en sus relaciones interpersonales, hacen que uno quiera compartir tiempo con él y disfrutar de su amena conversación. Y precisamente eso es lo que recibimos al leer este libro, un sutil reto a practicar la humildad, a tener fe, a practicar la resiliencia, a mirar la vida con humor y a construir relaciones que, como dijo el poeta Mario Benedetti, *en la calle codo a codo sean mucho más que dos.*

Gracias, Carlos, por ser como eres y por este testimonio que, al leerlo, nos invita a ser mejores personas.

Silverio Pérez
Músico, escritor, comediante,
conferencista, empresario y locutor

El paciente de la sonrisa

Tan pronto llego al segundo párrafo me transporto imaginariamente a un escenario en el que estamos sentados cómodamente en un sofá, chachareando y compartiendo episodios de la vida. Casi puedo escuchar esa voz dulce que parece brotarle del corazón, contándome sobre la grandeza de sus amores y la intensidad de sus dolamas, con esa humildad que le ha convertido en un verdadero querendón del pueblo de Puerto Rico.

Carlos Merced abre su vida con una honestidad impresionante, sin privarse de detalles que nos provocan algunas veces lágrimas, otras veces risas. Asume el ejercicio de comunicar con gracia, con un estilo simple que nos hace conectar de inmediato y con una FE que le fluye a borbotones y que le ha mantenido en alto en sus momentos más bajos.

Pocas veces he visto a Carlos con gesto serio. Es más, antes de escribir estas líneas me asomé por su página de Facebook y lo comprobé una vez más: siempre tiene una sonrisa. La imagen puede ser en su casa, en el hospital, solo o rodeado de su tribu familiar, pero siempre se está riendo. Y con ese mismo sentido del humor ha enfrentado durante años varias condiciones de salud que lejos de apagarle, han encendido en él la misión de compartir, de contar, de relatar cada episodio en un formato liviano y a corazón abierto.

Es así como nos lleva de paseo por su infancia, nos muestra la estrecha relación con su madre, nos sumerge en su enamoramiento profundo por la mujer de sus sueños y nos lleva hacia esas camas de hospital que se convirtieron en el escenario para protagonizar su papel de paciente.

Es emocionante acompañarle mediante esta lectura y conocer, de primera mano, ese optimismo con el que se asoma a cada día agradecido. Agradecido y con una sonrisa.

Uka Green
Bloguera, escritora, periodista, relacionista y coach profesonal

INTRODUCCIÓN

He pasado de todo, pero todo ha pasado

La vida nos presenta retos desde el momento en que nacemos. Cuando estamos en el vientre de nuestra madre, desconocemos lo que vamos a enfrentar. Mientras, afuera, en el mundo de los ya nacidos, nuestros padres, familiares y amigos, ya están planificando y decidiendo lo que seremos o haremos sin —obviamente— contar con nosotros.

Comenzamos nuestra vida llorando, luego de la nalgadita que nos dan. Esa primera lloradita, de alguna manera nos advierte que lo que viviremos no será fácil. Sin embargo, venimos con herramientas, habilidades y dones suficientes para trabajar con lo que nos enfrentemos en nuestro caminar.

Nací en una familia humilde y trabajadora, que me enseñó que hay que luchar para obtener lo que deseamos. Me criaron con mucho amor y aceptación. Me educaron, a su vez, con grandes valores morales, además de cristianos, que me han dado éxito en mi profesión y en saber cultivar las relaciones humanas. A través de mi caminar, tuve buenas y malas experiencias. Buenos amigos con los cuales aún comparto, y otros que perdí en el camino por diferentes situaciones. Porque hay amigos que solo son aves de paso en nuestra vida.

He vivido experiencias de todo tipo, pero siempre de la mano de Dios. Desde niño he tenido una especie de conexión con Dios, y en momentos de aflicción lo he sentido muy cerca.

Su amor y misericordia han estado conmigo siempre.

He vivido momentos muy duros, donde la fe, el amor de muchos y el humor, han sido piedra angular. He tenido pérdidas y ganancias. He logrado alcanzar las metas que me he propuesto. Este libro es un buen ejemplo de ello.

Desde que viví mi primer proceso, decidí que escribiría un libro con el propósito de plasmar en el mismo todas mis experiencias y ayudar a muchos que pasarían por procesos o situaciones parecidas, a que pudieran mantener la fe y confiar en el amor y la misericordia de Dios. Cuando vivimos situaciones en las cuales pudiéramos pensar que Dios se ha olvidado de nosotros, es cuando más confiados debemos estar.

¡Cuántas lágrimas derramé, pensando en qué sería de mi madre, mis hermanos, mi esposa, mi hija y mis nietas, si yo faltase! ¡Cuánto sufrí! ¡Cuánto dolor físico pasé! A solas, en la habitación del hospital, tuve tantos momentos hermosos con Dios. ¡Le sentía tan presente!

Para editar este libro, contacté a una gran amiga, editora y periodista con vasta experiencia.

Ofelia Pérez se convirtió en mi mentora. Comencé a escribir e hice varias pausas. Tantas, que transcurrieron cerca de diez años. Curiosamente, durante esas pausas enfrenté varios quebrantos de salud. Cada vez que sucedía alguno, yo decía: "Definitivamente, este es otro capítulo para el libro". Siempre dije que quería escribir este libro de la mano de Dios, y por eso me demoraba tanto. Mis amigos y familiares me decían: "Acaba de escribir ese libro". Motivé a varios amigos a escribir sus libros y ya hasta los han publicado. Mientras, Ofelia esperaba pacientemente. Este libro está escrito como si estuviera tomando un café y teniendo una conversación con ustedes. El humor, obviamente, está presente en el contenido.

Pretendo y deseo que este libro sea de bendición para cada uno de ustedes. Sé que, en varias ocasiones, probablemente se sientan identificados con algunas de las experiencias que aquí comparto. Que este libro sirva de motivación para mantener la fe y si es que la han perdido debido a alguna razón de salud o situación personal, que mis experiencias de vida les ayuden a recuperarla. Leerán pinceladas de arte, porque ese soy yo: admirador de la expresión artística y de la poesía... y en medio de todo, también eso te quiero transmitir.

Mientras escribía esto, mi esposa me dijo: "No puedo creer que hayas terminado de escribir el libro". ¿Saben algo? Yo tampoco.

Pasa de todo... pero todo pasa.

Amor, familia y la pasión de actuar

¡Cosas que pasan!

La actuación es una de mis vocaciones y pasiones desde que soy un niño. La sala de mi casa y la escuela primaria fueron mis primeros escenarios. Soy producto del teatro escolar. Participaba en todas las actividades de la escuela.

Estando en mi cuarto grado, la maestra estaba organizando un programa artístico para homenajear a las madres. Como parte del programa, iba a presentarse un drama. La Sra. Adelina López, mi amada maestra de segundo grado, quien fue mi mentora e identificó mi talento para la actuación, me recomendó para que caracterizara el personaje del padre en el drama. Pero la maestra de cuarto grado decidió que un compañero de clases llamado Ramón, y yo, hiciéramos una lectura del texto frente al grupo, para entonces decidir a quién le darían la oportunidad de hacer el personaje.

Yo estaba acostumbrado, debido a que ya tenía experiencia participando en todos los dramas de la escuela. Me sentía seguro y muy ilusionado. Entonces, nos llaman a Ramón y a mí para que hiciéramos la lectura. Había un silencio sepulcral, porque cabe señalar que la maestra era extremadamente estricta y fuerte de carácter. Tuve la oportunidad de ser el primero en leer, y así lo hice.

Los rostros de mis compañeros fueron de aprobación, y me sentí aceptado y respaldado por mi audiencia. Correspondió el turno a Ramón, quien nunca había tenido la oportunidad de participar en nada relacionado a la actuación. Ramón, un poco nervioso, leyó el texto.

Entonces, la maestra de cuarto grado, cuyo nombre me reservaré, junto a la maestra de Arte que estaba de visita en el salón, consultaron entre sí y decidieron darle el personaje a Ramón.

Les confieso que me dieron deseos de llorar; es más, creo que hasta se me escapó una lagrimita, pero como buen actor, disimulé y hasta felicité a Ramón, porque, eso sí, él era mi amigo y no tenía por qué molestarme con él.

El texto correspondiente al personaje del padre me gustó tanto que me lo memoricé.

Es más, aún recuerdo una parte. Aquí voy: "Veo a mi pobre hijito sin tener leche que tomar todas las mañanas. A mi mujercita llorando y sufriendo, por mi culpa. ¿Por qué habré dejado caer esta mancha en mi vida? ¿Por qué he jugado con la felicidad de mi hogar? Ella no lo sabrá; no debe saberlo, pero, ¿cómo ocultárselo?". Me encantaba ese texto porque era sumamente dramático.

Entonces, llegó la noche de la presentación, la cual tuvo lugar en el improvisado salón de actos de la escuela, que sencillamente constaba de abrir las puertas corredizas que dividían varios salones contiguos. Ese era nuestro salón de actos en la escuela elemental Abelardo Díaz Morales. El salón estaba abarrotado de público, constituido por padres, maestros y estudiantes.

Yo me senté en la primera fila. Se apagaron las luces. Se escucharon los aplausos.

Sube la luz y comienza el drama, con mi gran amiga y hermana, María de los Ángeles Meléndez, quien caracterizaba el personaje de la esposa. De repente, hace entrada Ramón en su personaje del padre. Cuando le correspondió hablar a Ramón, el pánico escénico se apoderó de él, y olvidó el texto. Como yo me había memorizado el texto y estaba ubicado en la primera fila, quise ayudarlo y le dije el texto. Le serví de apuntador. No podía permitir que se sintiera avergonzado y triste, como me sentí el día que estuvimos frente a mis compañeros, compitiendo para lograr ser seleccionado para el personaje y no lo conseguí.

Actualmente, y por 43 años, vivo orgulloso y feliz, disfrutando de mi carrera como actor, y mi amigo Ramón es un hombre muy exitoso en una carrera que no tiene nada que ver con la actuación.

¡Pasa de todo… pero todo pasa!

No es fácil ser la oveja teatrera de la familia

Desde que tengo uso de razón, mi pasión ha sido la actuación. Nací en una familia de padre deportista, cuyo anhelo era, obviamente, que su hijo mayor continuara su legado como jugador de béisbol. Pero, lamentablemente, no nací con la habilidad para desempeñarme con éxito en dicho deporte, aunque soy fanático del mismo.

Mi madre decidió llamarme Carlos Alberto, en honor a un actor de telenovelas del cual era fanática y quien llevaba por nombre Carlos Alberto Badía. Y ahí comenzó todo. No me agrada hablar de mí, pero es necesario compartir con ustedes parte de mi historia.

La sala de mi casa era el escenario donde actuaba junto a mis hermanos. Yo era el director y disfrutábamos muchísimo,

PASA DE TODO... PERO TODO PASA

usando la ropa de papi y mami mientras caracterizábamos e imitábamos diferentes personajes y nuestros artistas favoritos. Me encantaba participar en todas las actividades de la escuela, formando parte, así también, del coro de las escuelas donde estudié. Formé parte de varios grupos de teatro.

La ciudad de Caguas, Puerto Rico, donde crecí, siempre ha sido activa en cuanto al Teatro y las Artes. Participé en varios festivales de teatro del Municipio Autónomo de Caguas, donde hice muy buenos amigos, entre ellos a Ada Belén Caballero y a Eduardo Cortés, quienes pasaron a ser parte de la compañía de teatro profesional, Nuestro Teatro, dirigida por el maestro Carlos Ferrari.

Ada Belén y Eduardo me invitaron a acompañarles al teatro y un día, el director, Carlos Ferrari, se acercó a mí y me dijo: "Me dicen que actúas", a lo cual respondí: "Sí". Entonces, me dijo: "Si escribiera un texto para ti, ¿lo memorizarías y me lo presentarías, la próxima semana? Asustado, respondí afirmativamente.

Pasada media hora del ofrecimiento, ya había memorizado el texto y le informé. Sonriendo, Ferrari me dijo: "Tranquilo, esperemos al próximo jueves". Les confieso que estuve toda la semana, pidiéndole a Dios que acelerara los días.

Finalmente, llegó el jueves. Llegué al teatro y participé en la audición. Ferrari me pidió que dijera el texto en diferentes matices. También me pidió que cantara y diera algunos pasos de baile. Me enteré que era una audición para un musical llamado: *Los titingó de Juan Bobo*.

No fui seleccionado para el personaje. Al cabo de unos días, Ferrari me llamó para decirme que el actor que habían seleccionado para el personaje para el cual audicioné, decidió no participar.

Entonces, me preguntó: ¿Te interesaría hacer ese personaje? Sin pensarlo dos veces, acepté la oferta y luego, me asusté. Era mi entrada al teatro profesional.

Ni les cuento lo que fue el día del estreno. Temblaba como una hoja en huracán categoría seis.

Finalmente, los aplausos del público validaron mi trabajo. Ese fue el comienzo de una hermosa carrera, la cual me abrió puertas a trabajar en televisión.

Con Ferrari hice un sinnúmero de obras entre comedias y musicales. Posteriormente participé en obras teatrales y musicales con diferentes compañías, entre estas, Producciones Contraparte, de mis amigos y hermanos Edwin Batista y Edwin Ocasio, entre otros.

Una de las actuaciones que recuerdo con mucho cariño fue mi personaje de Herodes, en el musical *Jesucristo Superstar*, donde tuve oportunidad de trabajar con Olga Tañón, Domingo Quiñones, Michael Stuart y Tito Auger, entre otros. Fue una hermosa experiencia, con orquesta en vivo, dirigida por el maestro Cuco Peña.

En televisión, comencé trabajando para Telemundo, en un programa de juegos llamado *Fantástico*, producido por Oscar y Carlos Sacco. Formé parte del elenco de exitosas comedias tales como: *Entrando por la cocina, Kiosko Budweiser*, con los personajes Susa y Epifanio.

Fui co animador del programa de juegos *Eso Vale*, y fui animador del *Show del Mediodía* de WAPA TV, en una de sus temporadas. También formé parte del elenco de *Veinte pisos de historia,* en el personaje del cartero, y de la comedia del programa *Atrévete*, en Telemundo. Luego incursioné en el género del *standup comedy,* participando exitosamente en varios.

Han sido, hasta hoy, 43 años de una maravillosa carrera artística, a través de la cual he ganado muchos fanáticos que se han mantenido fieles, aún en mis momentos de quebrantos de salud.

¡Estoy tan feliz y agradecido del Señor, por permitirme vivir y disfrutar de lo que me apasiona, por tantos años!

Pasa de todo... pero todo pasa.
(lo que no pasa es mi gran amor a la actuación)

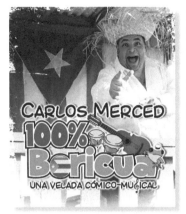

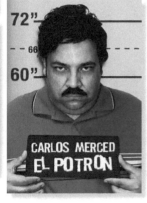

Papi, el mejor

Yo tengo en el hogar un soberano
único a quien venera el alma mía;
es su corona de cabello cano,
la honra es su ley y la virtud su guía.
En lentas horas de miseria y duelo,
lleno de firme y varonil constancia,
guarda la fe con que me habló del cielo
en las horas primeras de mi infancia.
» Haz el bien sin temer el sacrificio,
el hombre ha de luchar sereno y fuerte,
y lo mismo en tu hogar que en el ajeno
guarda tu honor para vivir honrado.
» Ama la libertad, libre es el hombre
y su juez más severo es la conciencia;

tanto como tu honor guarda tu nombre,
pues mi nombre y mi honor forman tu herencia.»
Siendo el culto de mi alma su cariño,
la suerte quiso que, al honrar su nombre,
fuera el amor que me inspiró de niño
la más sagrada inspiración del hombre.

Juan de Dios Peza
(A mi padre, fragmentos)

Cada vez que me corresponde hacer referencia a este maravilloso ser, no puedo evitar que mis ojos se humedezcan. Tuve la bendición de crecer al lado de un sin igual personaje; sí, porque él lo era. Su excelente sentido del humor y ocurrencias eran característicos de su personalidad. Dondequiera que íbamos con él, podíamos ver cuánto lo querían. Con curiosidad, le preguntábamos: "Papi, ¿por qué, dondequiera que vamos, siempre hay alguien que te conoce?".

Lo que sucede es que papi fue jugador de béisbol aficionado y, por lo tanto, visitó casi todos los pueblos de Puerto Rico jugando béisbol. A eso se debía su popularidad, además de ser una persona sumamente sociable dondequiera que se presentaba. Su pasión y amor por ayudar a quien lo necesitara, eran otras de sus cualidades.

Papi siempre soñó con ser jugador de béisbol profesional. El ambiente y en el tiempo en el cual creció, limitó sus posibilidades de cumplir su meta. Una vez estuvo a punto de ser firmado para ser pelotero profesional, pero mi abuelo no le dio permiso. Ante esa desilusión, continuó jugando en el béisbol aficionado, destacándose como jugador de la tercera base en el equipo de los Mulos del Valenciano, en el pueblo de Juncos, Puerto Rico.

Una vez, ya casado con mi madre, decidió ayudar a niños y jóvenes —quienes, como él, amaban el deporte del béisbol— a desarrollar su talento a través del programa de las Pequeñas Ligas. Por años se dedicó, con mucho amor, a dicha encomienda. Recuerdo que al ser yo el hijo mayor, todos, incluso él, esperaban que yo me desarrollara como pelotero exitoso. Lamentablemente no fue así; no era mi vocación.

En tono de broma, siempre digo que me retiré por el bien del deporte. Que conste, soy fanático del béisbol. Me fascina verlo, pero no jugarlo; porque reconozco que mi desempeño en el mismo no era el mejor, a diferencia de mi hermano, Jorge, que pareciera que desde la cuna ya estaba listo para jugarlo.

Como padre, Papi siempre nos enseñó a amar a Dios. Siempre fue un hombre humilde y de un gran corazón. Recuerdo que cuando fui víctima de lo que hoy se conoce como "bullying", me decía que no le diera importancia; que los que me trataban de esa manera no sabían lo que se perdían, porque yo era un niño muy bueno. Vivía orgulloso de mis calificaciones y me motivaba a seguir adelante con mis estudios, hasta alcanzar mis metas. Cuando, por alguna razón, yo estaba triste, siempre iba donde él y, allí, en su habitación, me abrazaba y terminábamos llorando juntos.

Chal, como lo apodaban, era divertido y muy ocurrente. Le encantaba la música y era asiduo oyente de la radio. Me encantaba verlo bailar en medio de la sala de casa, sobre todo cuando, de repente, sacaba a bailar a mi madre y ambos se morían de la risa. Mami acusaba a papi de ser el culpable de que nosotros, sus hijos, fuéramos unos charlatanes. Ella era la única seria de la casa.

En una ocasión, cuando teníamos un auto marca Toyota, modelo 1968, papi decidió enseñar a conducir a nuestra madre. Ella, muy nerviosa y asustada, accedió. Papi iba al frente en el asiento del pasajero, y mis hermanos, Zayda, Jorge y yo, íbamos en el asiento de la parte posterior.

Tan pronto mami encendió el auto y comenzó a ponerlo en marcha, nosotros comenzamos a reírnos, y papi, obviamente, se unió. Del susto que esto le provocó, mami aceleraba y frenaba, aceleraba y frenaba, aceleraba y frenaba, y nosotros entre carcajadas le gritábamos: "Quita el condenao pie del frenoooo". Eso provocó que mami diera un frenazo, detuviera el auto y, malhumorada, se bajara del auto. Papi y nosotros no podíamos parar de reírnos. Ella solo decía: "Por eso es que esos muchachos son así; por culpa tuya; por estar siempre con la dichosa broma". Demás está decirles que mami jamás aprendió a conducir. Le bastó con esa experiencia, y a cada rato nos la recordaba.

Al segundo año de estar estudiando en la Universidad, allá por 1981, hice una trasferencia a la Universidad de Puerto Rico, recinto de Río Piedras. Papi trabajaba en la oficina de la Autoridad de Acueductos y Alcantarillados, la cual quedaba muy cerca. Yo aún no tenía auto propio.

Entonces, decidí viajar con él. Él era muy madrugador, cualidad que yo no tenía, pero no tuve más alternativa que aceptar viajar con él. ¡Cuánto disfrutábamos durante el camino! Escuchábamos la radio y cantábamos cuanta canción sabíamos, y las que no sabíamos, nos las inventábamos.

Pude compartir con él desde otra perspectiva. Cuando terminaba mi jornada académica, me iba para su oficina y allí tuve la oportunidad de ver a papi, el oficinista, el servidor público. Era tremendo compañero de trabajo; todos lo querían y respetaban. El humor estaba siempre presente en la oficina. Allí pude observar y aprender de sus habilidades como buen servidor público. Cuando le correspondía ayudar a algún ciudadano, veía con el amor, el buen deseo y el profesionalismo que lo hacía.

En la casa nos decía siempre: "Cuando me retire, ya verán cómo me voy a sentar en ese sillón a disfrutar, viendo cómo ustedes se rompen el cuero, trabajando".

La marca de un diagnóstico

Cerca de sus cuarenta y tantos años, recibió un diagnóstico de diabetes. Ese diagnóstico lo marcó; le impactó muchísimo y lo tomó como si hubiera sido uno de enfermedad terminal. Le encantaba comer, y mucho. Como sabemos, la diabetes es un asesino silencioso.

Notamos su tristeza y le animamos, y dijimos que, pues, no era el fin del mundo; que, con solo hacer unos cambios en la dieta, podría seguir disfrutando de la comida. Entonces, todos decidimos cambiar nuestros hábitos de alimentación para que él se motivara y viera que estábamos solidarios.

El muy travieso se comía la dieta en nuestra casa y, a nuestras espaldas, iba a casa de mis dos abuelas y decía que en casa no le daban comida, y aprovechaba y comía en casa de su mamá y de su suegra. Su salud comenzó a complicarse, hasta afectar significativamente su hígado.

A sus 55 años se retiró, luego de treinta años de servicio. Meses más tarde, lamentablemente recibió un diagnóstico de enfermedad del hígado. Su diagnóstico nos sorprendió; lucía muy bien. Mis hermanos y yo creemos que, al ser una persona sumamente activa, al retirarse y disminuir drásticamente su actividad, no se acostumbraba a la vida de retirado.

Sin embargo, continuó muy activo, ayudando a niños y jóvenes en las Pequeñas Ligas. Nosotros le decíamos que prácticamente vivía en el parque día y noche; casi no le veíamos. Bromeando le decíamos que se llevara su cama para el parque.

Una noche, de madrugada, despertó a mi hermano Jaime y le mostró que había sangrado considerablemente. Mi hermano, quien había hecho varios años de estudios en Medicina, entendió que era pertinente salir inmediatamente hacia el hospital, y así lo hicieron. Increíblemente varios hospitales, al enterarse de que había sangrado, se negaron a atenderle. Finalmente, encontraron un lugar donde le recibieron y le atendieron. Durante su estadía conoció a un buen doctor, quien se ocupó de darle seguimiento.

Pocos meses adelante, estando yo trabajando en el Colegio Bautista de Caguas, se recibió una llamada procedente de mi casa. Me fueron a buscar al salón de clases y fui a atender la misma.

Cuando llegué a la oficina, recuerdo que la madre de uno de mis estudiantes estaba allí y me entregó el teléfono. Al responder, escuché a mi hermana Zayda llorando desesperadamente.

Me pidió que fuera urgentemente hacia mi casa, porque mi papá se había caído de la cama y no se podía levantar. Mientras yo me dirigía a la casa, llamaron a la ambulancia y lo llevaron al hospital. En esos días, yo también estaba actuando en una obra que llevaba tiempo en cartelera. A partir de lo ocurrido estuvimos, prácticamente, entre el teatro y el hospital. Papi estaba cada vez peor. Su cuerpo estaba bastante deteriorado. Estuvimos en dicha rutina hasta una noche en que, como de costumbre, fuimos a visitarlo. Por un momento nos quedamos solos en la habitación del hospital.

Un momento que nunca olvidaré

Papi estaba en una especie de coma, sin embargo, me escuchaba y me respondía presionándome un dedo. Ese momento evoqué los hermosos recuerdos que compartía con él, cada vez que necesitaba un consejo y, como les dije anteriormente, ambos terminábamos llorando. Esta vez no podía hablarme, sin embargo, podía darme cuenta de que algo quería decirme. Entonces comencé a hablar. ¡Le dije tantas cosas! Aproveché la oportunidad para decirle cuán bendecidos habíamos sido por tener un padre como él; le dije cuánto lo amaba. Le agradecí el amar tanto a mami y a nosotros, y por enseñarnos, con su ejemplo, a servir y a ser honestos.

Mientras presionaba mi dedo, le dejé saber que no se preocupara por mami y por mis hermanas; que yo, como hijo mayor, haría lo imposible por apoyarlas en cuanto fuera posible, aunque reconocí que nunca podría sustituirlo. Yo recién había aceptado a Cristo como mi Salvador, y le hablé de lo bien que me sentía. Entonces le presenté el plan de salvación y, al aceptarlo, pude ver cómo de sus ojos bajaron dos lágrimas que confirmaron que aceptaba a Cristo. Mi corazón se llenó de emoción.

De regreso a casa, yo iba tranquilo y satisfecho luego de vivir ese momento con mi amado padre. Llegamos a casa cansados luego de una intensa jornada. Faltando diez minutos para las cuatro de la mañana, desperté repentinamente y me senté en el borde de la cama. No podía entender por qué. Decidí volver a dormir, o tratar. Pocos minutos después, escuché sonar el teléfono y fui hacia la sala de la casa, donde estaba ubicado. Llamaban del hospital. Una enfermera me dijo que fuéramos hacia allá porque papi estaba mal.

Nos vestimos rápidamente y nos fuimos. Durante el camino sentí decirle a mi madre y a mis hermanas que nos preparáramos para lo peor, porque sentí en mi corazón que ya papi había partido con el Señor. Recuerdo que les pedí que controlaran sus emociones y que, por favor, no gritaran ni armaran un escándalo.

¿Quién me creía yo que era para pedirles eso? Al llegar al hospital, fui hacia la estación de enfermeras. Me identifiqué y, sin ningún tipo de delicadeza, la enfermera me dijo: "¿A usted no le dijeron que él ya falleció?". No me había percatado que frente a la entrada de la habitación se encontraba, llorando, la señora que lo cuidaba en las noches. El cadáver aún estaba en la cama y decidimos entrar para enfrentar lo que nunca hubiéramos querido que sucediera. Allí solo descansaba el cuerpo, porque ya sabíamos que papi estaba en los brazos del Creador.

En nuestra humanidad, fue muy duro aceptar la partida de un hombre como él, quien era el alma de la fiesta; quien pasaba por nuestro lado y nos sorprendía con un abrazo y muchos besos. Un hombre que apoyó a tantos jóvenes a lograr sus sueños a través del deporte.

Marcial Merced Alicea, el gran Chal, por siempre ¡vivirá en nuestros corazones!

¡Pasa de todo... pero todo pasa!

¡Cuánto se ama a los hermanos!

Soy el mayor de cuatro hermanos. Nací dos años después de que mis padres se casaron. Fui un niño deseado y esperado por familiares y amigos; el primer nieto por parte de mi familia materna, y el séptimo por parte de mi familia paterna.

Cuenta mi madre que ya a la edad de dos años, anhelaba y pedía un hermanito. Cuando nació mi hermano Jorge, fui a conocerlo con mi abuela Andrea y mi papá. Mami me dijo que, al verlo, mis ojos se llenaron de lágrimas de emoción. Desde ese momento, me convertí en el hermano mayor.

Lo cuidaba y mimaba como si fuera mi hijo. Mi amor por él era cada vez mayor. Al año siguiente nació mi hermana Zayda, a quien también recibí con mucho cariño.

Los tres crecimos en un ambiente de amor, rodeados de mi bisabuela, abuela, tías-abuelas y tíos, quienes nos cuidaban mientras nuestros padres trabajaban. Recuerdo que mi abuela Andrea nos enseñó a hacer los quehaceres del hogar. Nos regaló a cada uno un balde de aluminio, el cual contenía una tabla de madera y un jabón azul, donde lavábamos las medias y la ropa interior. En las tardes nos reunía en una mesa y nos enseñaba a cocinar. Éramos unos niños muy felices. Aprendimos a ser responsables y a valorar lo que teníamos.

Como hermano mayor, me convertí en el maestro de mis hermanos y les ayudaba en sus tareas escolares. De ahí desarrollé mi vocación por el magisterio. Como comentaba anteriormente, también jugábamos a ser actores y yo era el director. La sala de nuestra casa era nuestro escenario. Cantábamos, actuábamos e imitábamos a nuestros artistas favoritos.

A mi hermano Jorge no le gustaba mucho la escuela. Se interesó más por los deportes y se desarrolló como un excelente jugador de béisbol. Yo, honestamente —y como ya lo comenté—, me retiré por el bien del deporte.

Zayda, la tercera en orden de nacimiento, se destacó en la repostería. Preparaba unos bizcochos deliciosos. Pero lo más lindo de ella fue siempre su interés por ayudar a los demás, algo que todos tenemos, pero ella más que ninguno.

Cuando cumplí mis diez años, llegó a nuestras vidas una hermosa bebé. Recibimos la noticia con mucha alegría. Era nuestra muñeca, la querendona de la casa: Ercilia, llamada así en honor a una muchacha muy querida por mi tía Juana. Llenó nuestro hogar de mucha alegría.

Todos queríamos tenerla en nuestros brazos, así como alimentarla y mimarla. Recuerdo que no la dejábamos ni dormir para jugar con ella. De todos los hijos, es quien heredó el temperamento fuerte del lado de la familia materna. Fuerte, pero con un gran corazón.

Cuando llegué a la universidad, conocí a un muchacho, quien inmediatamente se convirtió en mi hermano. Mi familia lo adoptó como un hijo más. Jimmy es un hermano que la vida me regaló. No nos unen lazos de sangre, pero lo amamos como si lo fuera. Es el primero de los hermanos que nos dio una sobrina: nuestra amada Gabriela.

De los cuatro hijos, Zayda, siendo la tercera en nacer, es la más especial para todos. Con el tiempo, se convirtió en una segunda madre, no solo para nosotros, sino para todo el que la necesitara. Siempre se preocupaba por cubrir las necesidades de todos. Era muy amada por sus compañeros de trabajo y por muchos de los clientes donde prestaba servicio.

Tenía un sentido del humor muy particular. Era una de mis fans en el teatro. Al enterarse de mi enfermedad del hígado, sufrió mucho ante su impotencia por no poder resolver mi situación. Todos reconocíamos y apoyábamos las bondades de cada uno. Éramos muy unidos desde pequeños y tuvimos la bendición de conocer el verdadero amor fraternal y expresarlo como hermanos adultos.

Pasa de todo… pero todo pasa.
(excepto el amor de los hermanos)

Mis hermanos y yo de niños.
Arriba: De izq. a der. Jorge, Zayda
Abajo: Ercilia y Carlos

De izq. a derecha
Arriba: Mis hermanas Zayda y Ercilia
Abajo: Mis hermanos Jorge y Jimmy

Empresarios apoyando...

"¡Hoy celebro este libro exaltando al Dios que nunca nos deja solos! ¡Al Dios Fiel! ¡Al Dios Proveedor! Mi mayor deseo es que estas líneas, entre risas y llanto, lo inquiete a usted a conocer a Jesús, a reflexionar al momento de la prueba.

Que este libro ayude a muchos a mirar a Jesús, como un día Carlos lo hizo; como su TODO; ¡Como su sanador! ¡Gracias, Carlos, por creerle a Dios!"

Janira Torres
Empresaria

"*Como dice el americano, "What You See Is What You Get"; lo que usted ve, ese es Carlos. Este libro es una colección de recuerdos e historias que reflejan la vida de mi buen amigo Carlos Merced, en la que todos podemos identificarnos. Con su buen humor, hace sonreír a todo el mundo. Su vida ha estado llena de alegrías y tristezas, y nos ha regalado hermosos recuerdos donde nos podemos identificar.*

Carlos Merced es actor, escritor, hijo, hermano, esposo, padre y, sobre todo, abuelo. Son muchos los roles que le ha tocado vivir a mi querido amigo y cada uno de ellos los ha cumplido a cabalidad. No olvidemos que, con su humildad, carisma y sobre todo alabando a Dios, ha podido soportar y superar los retos que la vida les ha dado a él y a los que le rodean. A pesar de estas circunstancias creó recuerdos maravillosos que comparte con nosotros a través de este libro, recordándonos que la vida siempre tiene momentos buenos y no tan buenos que nos permiten alcanzar experiencias a lo largo de ella, enseñándonos lo maravillosa que es la vida bajo la misericordia de Dios".

Alfonso Cordero, CPA

"*La historia de Carlos Merced es fascinante. No solo porque ha sido un actor de teatro de los que aman el escenario y un comediante de televisión excepcional, sino también ha sido maestro y director escolar. 'Mr. Merced' es un buen amigo y un maestro que todavía recuerda a sus estudiantes por nombre y apellido, y mantiene el contacto con ellos 30 años después.*

Sin embargo, ninguno de sus logros supera lo que le hemos visto hacer en los últimos 15 años. Ha enfrentado las más épicas batallas contra su propio cuerpo. Se ha mantenido vivo a punta de mucha fe y recibiendo las malas noticias con buen humor. Es un ser humano inspirador.

Leer este libro puede ser inspirador para quien necesitan creer en un milagro imposible para sus vidas. ¡Léalo!"

Nelson Perdomo
Locutor, escritor y empresario

"Leer las historias de Carlos Merced le darán a cada lector la oportunidad de reflejarse en la vida de un hombre valiente, dispuesto a sonreír a pesar de las circunstancias. Su talento en la actuación le ha brindado la oportunidad de dejar el nombre de Puerto Rico en alto. Estoy convencida que su libro será un refrigerio para el alma de todo aquel que pueda disfrutar de una lectura sencilla, cargada de humildad y risas, y su legado quedará plasmado como un testimonio de resiliencia y fe. Muy a pesar de sus condiciones de salud y las circunstancias que lo rodearon, Carlos siempre mantuvo la confianza en el Dios que le ha sostenido, con el firme propósito de arrancarnos una sonrisa, de darnos aliento y de recordarnos que mientras estemos vivos hay esperanza.

Una de mis historias favoritas en este libro es ¡Cosas que pasan! porque muestra la esencia de un ser humano extraordinario que desde su niñez amó las tablas, pero también ha amado con intensidad a sus semejantes y en esa historia relata cómo se convirtió en el apuntador de su amigo, en vez de sabotear su participación... ¡Wao! Desde niño mostró su calidad humana.

¡Un libro que todos debemos atesorar! Gracias, Carlos Merced, por existir y hacer la diferencia".

Tatihana Pozo Puccini
Directora de Contexto Media
Autora del libro Corazón Agradecido,
conferencista y locutora

Mis compañeros artistas...
¡¡juntos en la brecha!

"Les invito a leer el libro: **Pasa de todo... pero todo pasa,** *escrito por mi querido Carlos Merced, que como muchos saben, es un gran comediante puertorriqueño, esposo maravilloso y padre y abuelo número uno. Él ha querido compartir un hermoso escrito que se transforma en viaje, a través de su vida y todas sus experiencias, sus éxitos y vivencias de familia. Nos cuenta cómo, con fuerza y fe, ha vencido las enfermedades y todos los procesos que ha enfrentado.*

Hemos escuchado que de las experiencias de otros aprendemos y es lo que Carlos ha querido hacer con su libro. Búscalo en todas las plataformas".

Dagmar Rivera
Cantante y animadora

"El autor de este libro es un hombre que por décadas ha dedicado su vida al noble oficio de hacer reír. Esto como profesión, siendo su trabajo principal, junto con el magisterio. Pero también como misión de vida, porque es imposible cruzar dos palabras con Carlos sin reírse. En esta ocasión me maravillo de ver cómo es capaz de abrir su corazón y revelarnos detalles íntimos de sus procesos de vida que, más que pasos de comedia, parecen escenas de películas de drama y suspenso. Pero lo hace con la calma de quien tiene la certeza de que no anda solo, de que va escoltado por su Poderoso Gigante que lo guarda. Leer sus ásperos relatos, sus testimonios duros, con tanto humor y amor, nos hace reflexionar y pensar si estamos dando demasiado peso a lo que vivimos o si es hora de dar lugar a la fe. Es una hermosa invitación a mirar nuestros desafíos con una actitud de confianza en el Dios Todopoderoso que nos guarda".

Luisa de los Ríos
Actriz y conductora

"Carlos Merced, no solo ha estado cerca de la adversidad, también la ha acariciado y abrazado. Tan así, que podría parecer que se queda cerca, solo para regresar de nuevo. Pero la adversidad no cuenta con un espíritu como el suyo...fuerte, seguro, indomable y con ganas de vivir. ¡La adversidad no cuenta con su fe y ahí es que él se crece! Aún después de todo lo que le ha tocado vivir, sonríe y se ríe, vive y ama, agradece y se siente bendecido y todo sin una gota de resentimiento ni cuestionamientos.

A través de este libro, vivimos su historia asombrados y agradecidos por haber querido compartirla con nosotros.

Pasa de todo...pero todo pasa, *logra cautivarnos con un lenguaje sencillo y cándido que nos enriquece y nos invita a la reflexión. Y ahí es que radica su belleza, porque está escrito para despertar tu conciencia y recordarte que siempre vale la pena vivir".*

Suzette Bacó
Actriz, Coach Profesional

"Al leer el libro, verdaderamente, se puede captar la esencia y la personalidad de Carlos. Está redactado de una manera sencilla y fácil de entender, muy detallado, pero sin utilizar lenguaje muy rebuscado. Las historias están llenas de tanto realismo, que terminas de leer un capítulo y quieres continuar leyendo. Me concentré tanto en la lectura, que sentí estar y hasta vi lo sucedido en su boda, lo vi sudar, entrar y salir de la iglesia, lo acompañé al hospital y en todos sus procesos, de los cuales también fui parte. Puedo dar fe de que ningún detalle se le ha escapado".

Stella (Lela) Torres
Actriz y locutora

"Esta lectura te hará reír. Te mostrará una manera práctica de afrontar las situaciones complejas que la vida nos trae. Pero, más que nada, verás el corazón de un hombre que cubre con risas y una fe inquebrantable, el dolor, la duda, la debilidad, y en ocasiones la desesperanza que enfrenta a través de su vida. Este es un tratado de fe y esperanza para todos los que pasamos momentos difíciles. No puedes dejar de leerlo".

Yasmín Mejías
Actriz, Trabajadora Social y Pastora

"Carlos Merced, maestro, actor y comediante, a través de su pluma demuestra todas las anteriores facetas. Tiene la habilidad de llevar al lector de la risa al llanto en un santiamén. Cada una de sus anécdotas son ricas en imágenes, cual película de cine. Logra crear una complicidad absoluta con quien le lee, pues nos ubica en tiempo y espacio. Cada una de sus palabras denotan la fe y espiritualidad que le caracterizan.

Quienes hemos perdido a uno de nuestros padres, empatizamos con la anécdota del día del fallecimiento de su madre, y es que como bien explica Merced, la partida física es dolorosa, no importa cuánto sepamos que nos volveremos a ver en el paraíso prometido. Las lágrimas derramadas al momento de leerle se traducen en carcajadas en el cuento de la boda, y hasta en el día del trasplante.

Este puertorriqueño de sangre y corazón nos conmueve con cada una de sus palabras, sin dejar atrás el sentido del humor que lo caracteriza. Carlitos Merced es, sin duda alguna, uno de los querendones de nuestro pueblo, y eso se nota y se siente mediante cada uno de sus cuentos. Definitivamente hace honor a su título de maestro. ¡Gracias, amado!"

Norwill Fragoso
Actriz y escritora

Cuando el verdadero amor llega, es para siempre

Un encuentro de novela

(A Lesbia, el amor de mi vida)

Si Dios un día
cegara toda fuente de luz,
el universo se alumbraría
con esos ojos que tienes tú.
Pero si -lleno de agrios enojos
por tal blasfemia- tus lindos ojos
Dios te arrancase,
para que el mundo con la alborada
de tu pupila no se alumbrase;
aunque quisiera, Dios no podría
tender la Noche sobre la Nada....
¡Porque aún el mundo se alumbraría
con el recuerdo de tu mirada!

P.H. Hernández (Madrigal)

Soy bendecido porque siempre he estado rodeado de amor; y amor del bueno. El amor incondicional de mis padres y mis hermanos no tiene comparación. Desde que tengo uso de razón me siento amado.

Uno de mis primeros e inolvidables amores fue el de mi amada abuela Andrea, de quien aprendí a ser honesto, servicial y respetuoso. De mi padre heredé el humor y el don de gente, me enseñó a ser responsable y organizado. De mi madre heredé el sentido de responsabilidad y, aunque ustedes no me crean, heredé su seriedad. De niño ya pensaba en quién sería la mujer de mi vida. De hecho, tuve varios amores platónicos.

Mi abuela, Andrea, nos cuidaba mientras mi madre trabajaba. Al lado de su casa vivían Don Pepín y Doña Panchita, quienes tenían una hija llamada Mariíta. Todas las mañanas me saludaba con una ternura, una sonrisa tan hermosa, que a mí me brillaban los ojos y me enamoré. Mariíta tenía como dieciocho años y yo, pues, como cinco. Yo la velaba a través de la verja y la veía cuando salía.

Un día, alguien me dijo que mi Mariíta tenía novio y que se casaría con un tal "Banda", recuerdo que así era el apodo. Ese día experimenté mi primera desilusión "amorosa".

Lloré y hasta me molesté con la pobre muchacha, quien jamás imaginaría que un niño de mi edad estuviera enamorado de ella. Mariíta se casó y nunca más volví a verla. Con el tiempo, llegó a vivir frente a mi casa una muchacha, a quien yo saludaba todas las tardes cuando llegaba a su casa.

Ella, muy amablemente, me sonreía y me decía: "Hola, lindo". Un día tuve el atrevimiento de preguntarle su nombre. Ella cruzó la calle y vino hacia mí. Yo, emocionado y curioso, prácticamente la entrevisté. Nos reímos muchísimo.

Entonces, ya sabiendo su nombre, la esperaba todas las tardes y la llamaba: "Toñaaaaaaaaa", a lo que amablemente, me respondía, sonriendo y diciendo: "Bello, ¿cómo estás? Y yo, emocionadísimo, le contestaba: "Bien, gracias, ¿y tú?

Yo le decía a mi papá que Toña era novia mía. Papi se reía a carcajadas y decía: "Muchacho, tú eres tremendo". El tiempo pasaba y mi "amor" por Toña, seguía creciendo. Ella me hacía regalos, y yo más me emocionaba.

Un día escuché a mis padres hablando y comentándole a mi tía Juana, quien vivía con nosotros, que Toña, la vecina, se iba a casar con un tal Germán, quien era amigo de mi papá.

Recuerdo que todos estaban muy contentos, excepto yo, que corrí a mi cuarto a llorar.

Días más tarde, vi a Toña llegar acompañada de un hombre, quien supuse que era Germán, mi rival. Le grité: "Toñaaaa". Y ella respondió: "Hola, bello. Él es mi novio, Germán".

Entonces, Germán viró su rostro hacia mí y me saludó, a lo cual respondí con una cara de odio y coraje. Él, obviamente, no entendió a qué se debió mi reacción.

Llegó el día de la boda de Toña y Germán, y desde el balcón yo observaba cómo entraba y salía gente, imagino que era debido a los preparativos de la boda. Fui a la cocina a buscar un vaso de jugo, porque hasta sed me dio. Mi tía me preguntó: "Muchacho, ¿qué te pasa, que te veo como inquieto y nervioso?". No respondí y regresé al balcón. Entonces, vi llegar un auto modelo deportivo, descapotado. Un caballero, muy elegantemente vestido, abrió la puerta y se dirigió hacia la casa de mi amada Toña.

De repente, vi salir a un ángel con su blanca vestidura; era Toña, luciendo su hermoso traje de novia. Quedé mudo e inmóvil. El jugo que había ido a buscar a la cocina, se me derramó sobre la ropa. Yo continuaba inmóvil. No podía creer que era cierto que Toña se fuera a casar con (según yo) el idiota de Germán. Mis lágrimas bajaban involuntariamente, como si estuviera en el velorio de un ser querido. Toña, antes de subirse al auto, alcanzó a verme y me dijo adiós.

En la adolescencia mostré interés por varias muchachas, pero mi timidez no me permitía, atreverme a manifestárselo. Esto dio pie a burlas de mis compañeros. No tienen idea de la cantidad de bromas que me hacían, por mi timidez y por ser un poco pasadito de peso (yo le llamaba "saludable"). Una vez, ya vencida mi timidez, me atreví a acercarme a una joven muy linda; estábamos juntos en el coro de la escuela. Ella sentía admiración hacia mí, pero por mi talento para cantar, y yo confundí esa admiración por atracción física.

Ya en la Universidad, también sufrí otra desilusión amorosa. Mi personalidad sociable y humorística llamaba la atención de algunas muchachas, pero cuando trataba de acercarme, no era correspondido. No les niego que llegué a pensar que nadie me quería. Ya de adulto, me reencontré, en mi trabajo como maestro, con una excompañera de estudios, quien en los años universitarios nunca me interesó más allá de una buena amistad. Comenzamos a compartir, en el trabajo, en la iglesia; salíamos a diferentes actividades y, sin darme cuenta, me enamoré.

Casi todas nuestras amistades creían que teníamos una relación de algo más que amistad. Confieso que me ilusioné como un adolescente. Lamentablemente, no se pudo concretar la relación. Ella, pues, en realidad me seguía el juego, quizá —no sé— para pasar el rato. Me puse muy triste porque llegué a pensar que esa era.

En mis años como profesor, desarrollé empatía con muchos de mis estudiantes, al punto que actualmente somos buenos amigos. Una de ellas es Anamín Santiago, una excelente actriz, profesora y escritora, con quien, años más tarde, casualmente hice mi debut en la televisión.

Cuando el verdadero amor llega, nadie lo detiene

A mis 32 años, aún no había encontrado a la que siempre llamé "el amor de mi vida". Oraba constantemente pidiéndole a Dios por ella. La gente me preguntaba: "¿Tienes novia?", y yo respondía: "Sé que ya nació, pero aún no la he encontrado".

Una tarde, salí al patio de mi casa y dije en voz alta: "Dios mío, yo tengo 32 años, yo necesito una mujer, que no sean mi madre ni mis hermanas, una mujer con quien pueda compartir el resto de mi vida". Créanme, lo pedí con fuerza y confiado en que el Señor me escucharía. Mis vecinos pensarían que perdí la razón, pero no me importaba. Dios me escuchó. Su respuesta se aceleró.

Un día, recibí una llamada para actuar en una obra de teatro, y allí me reencontré con Anamín Santiago, mi exestudiante, ya convertida en una actriz profesional.Me dio mucha alegría verla, comenzamos a recordar y a hablar de muchas cosas. Un día, mientras estábamos en uno de los ensayos, de repente ella me dice: "Ay, Carlos, hace dos años yo tengo que decirte algo". Despertó mi curiosidad y le pregunté de qué se trataba. Entonces ella me respondió: "En mi hospedaje hay una muchacha que está enamorada de ti". Sorprendido, inmediatamente le dije: "¿Y si esa es la mujer de mi vida y por tú olvidar eso, me la perdí?". Ella me respondió: "Muchacho, no te preocupes, te voy a dar mi número de teléfono y la vas a llamar. Ella llega como a las seis y media". Me dio todos los detalles y me dijo: "Tú llama, que yo te la presento, vía telefónica. Recuerdo que, en mis oraciones, yo le pedía a Dios que, con solo escuchar su voz, yo pudiera confirmar que esa era la mujer que Él tenía para mí.

Dieron las seis y media y, como muchacho muy obediente, llamé al número que Anamín me había dado. Comenzó a sonar, una, dos, tres veces... entonces contestó Anamín, diciéndome que no se explicaba por qué ella no había llegado aún; que le estaba raro. Me pidió que insistiera, lo cual hice por tres ocasiones, sin lograr tener éxito. Me indicó que ella me llamaría cuando la viera llegar al hospedaje.

Entre los detalles que me dio Anamín, me dijo que su compañera de hospedaje me había ido a ver varias veces a las obras de teatro en las cuales yo participaba, y le comentaba que, en esas obras, actuaba un gordito —refiriéndose a mí— que le caía muy bien. Anamín le comentó, en esa ocasión, que ella conocía a ese gordito, porque había sido su maestro.

Luego de casi una hora de haber intentado comunicarme varias veces, sonó el teléfono. Mi madre, quien era bastante celosa, contestó el teléfono. Era Anamín quien llamaba, y le dijo a mi madre: "Hola, Doña Juanita, soy Anamín. Estoy llamando a Carlos, para presentarle una muchacha". El rostro de mi madre se tornó color rojo tomate maduro, y me dijo, con voz fuerte y visiblemente molesta: "Carlos, la llamada es para ti". Yo le respondí, entusiasmado: "Sí, la estoy esperando". Agarré el auricular y escuché a Anamín decir: "Lesbia, te presento a Carlos. Carlos, te presento a Lesbia".

Entonces, se escuchó una melodiosa y dulce voz que dijo: "Hola. Buenas noches". De inmediato respondí, preguntando: "¿Dónde estabas? Estoy buscándote hace tiempo". No tuve respuesta. Hubo unos minutos de silencio. Pregunté: "¿Estás ahí?". Respondió: "Sí", pero no un sí cualquiera; fue uno cargado de una dulzura muy particular; una dulzura única en su clase.

Inmediatamente recordé el momento en el cual salí a la parte posterior de mi casa y emití ese grito, pidiéndole a Dios una compañera para toda la vida que, con solo escuchar su voz, pudiera identificarla.

Y así fue. Tan pronto la escuché, di gracias a Dios por responder a mi petición. Entonces le dije: "Tenemos que vernos lo antes posible", a lo cual estuvo de acuerdo. Hicimos la cita.

Dios me confirmó que era la mujer para mí

Llegó el gran día. Créanme; no dormí esa noche. Me reía solo. Recibí una llamada de una amiga, informándome que otra gran amiga había fallecido. Me puse muy triste y llamé a Lesbia para cancelar o, más bien, cambiar la cita. Ella, que ya estaba preparada para nuestro primer encuentro, se desilusionó un poco. Le presenté mis disculpas y le pregunté si podíamos vernos el sábado de esa semana. Ella respondió que tenía varios compromisos, pero que la llamara.

Mi jefe me llamó para hacer un trabajo, y la invité a que me acompañara. A todo esto, recuerden que nunca la había visto. Ella me llevaba ventaja, porque era una de mis fans e iba al teatro a verme actuar.

Mi jefe, el productor puertorriqueño Luisito Vigoreaux, se pasaba echándome bromas, diciendo que me iba a presentar a una muchacha gordita para que yo saliera con ella. Yo le respondía que no quería más gorditas, porque ya tenía a mis hermanas y a mi mamá.

Esa noche fui a buscar a Lesbia, y cuando la vi llegar a mi auto, no resultó ser como la imaginaba. Pero ya Dios me había confirmado que ella era la mujer para mí.

Llegamos a mi trabajo, y en el estacionamiento del edificio estaba mi travieso jefe, esperándome. Me bajé del auto, fui hacia él, e inmediatamente, con su particular sentido del humor, me dijo: "Un momento, como que veo a alguien más en tu auto". Le dije: "Sí. Es una muchacha que va a salir conmigo por primera vez". Ambos dijimos al unísono: "Es una gorditaaaaaaa". Y comenzamos a reírnos.

Lesbia, quien observaba toda la escena desde el interior del auto, decía: "Esto me parece que solo será por esta noche". Me fui con Lesbia a hacer un trabajo especial que Vigoreaux me había asignado. El mismo constaba de ir a hacer una video entrevista. Esa noche fue en una discoteca, conocida como Peggy Sue. Era la primera vez que tanto Lesbia como yo íbamos a una discoteca.

Llegamos al lugar, y en medio del bullicio y la música, aparecieron unas amigas de Lesbia, quienes reaccionaron extrañadas al verla en ese lugar. Inmediatamente, Lesbia comenzó a ayudarme. Se desempeñó como si llevara una vida haciendo dicho trabajo. Su simpatía y don de gente, cautivaron a todos. Al finalizar, la invité a cenar.

Durante la cena, nos contamos todo acerca de nuestra vida, gustos, manera de ser, en fin, nos sinceramos. Hablamos hasta la madrugada. Fue una noche hermosa. Ambos estábamos felices por haber compartido. La llevé a su hospedaje. Al despedirnos, me dijo: ¿Puedo darte un abrazo? Acepté. ¡Sentí que en ese abrazo quiso decirme tantas cosas!

Antes de bajarse del auto, me dio un beso muy cerca de la boca, y dibujó en su rostro una hermosa y pícara sonrisa. Yo, con deseos de darle un apasionado beso, por respeto, me abstuve. ¡Qué tonto! ¿Verdad? Camino a casa, iba yo con una sonrisa a flor de labios, agradeciendo a Dios por bendecirme con tan hermosa mujer.

Al día siguiente, llamé a su hospedaje y respondió Anamín. La saludé y le pregunté: "¿Está mi novia por ahí?". A lo cual respondió, en medio de una risotada: "¿Ya son novios?". Le dije: "Yo no sé". E inmediatamente escuché: "¿Lesbia, que si tú eres novia de Carlos?". A lo cual Lesbia respondió: "Yo creo que sí". Entonces comenzamos a reírnos.

A partir de ese momento, fui muy feliz. A las dos semanas fuimos al Viejo San Juan, y en un lindo lugar, conocido como el Paseo de la Princesa, le entregué la sortija de compromiso.

Ella se emocionó tanto, que de inmediato llamó a su mamá para darle la noticia, a lo cual su mamá reaccionó no muy favorablemente. Decidimos casarnos en los próximos seis meses.

Yo recién comenzaba a actuar en una puesta en escena de un vodevil. Mi sobrina, Dalysette, acababa de nacer, y ese día, 17 de octubre de 1993, formalmente nos hicimos novios.

Planificamos casarnos en seis meses, pensando en que la obra teatral ya habría finalizado para el mes de mayo. Fijamos fecha para el 7 de mayo de 1994.

La familia y algunos amigos se sorprendieron. Hubo comentarios agradables, y otros no tanto.

Entre estos: "Pero, ¿cuál es la prisa? ¡Debe ser que está embarazada! ¡Ese matrimonio no va a durar ni dos meses!".

Pasa de todo... pero todo pasa.

(y vamos para 30 años de casados)

Preparativos de comedia y boda de famosos

Estábamos muy entusiasmados con lo del casamiento. Cuando llevé a Lesbia a mi casa para que la conocieran, inmediatamente se robó el corazón de mi mamá y, más adelante, el de mis hermanas (recuerden que les conté que mi mamá era muy celosa conmigo y con mi hermano).

Mi madre le ofreció hospedaje a Lesbia en nuestra casa, y a mí me envió a vivir al apartamento que yo tenía. Decía: "No puedes quedarte a dormir aquí, porque no quiero pasar a la historia como una vieja alcahueta". Inmediatamente se comunicó con mi futura suegra, y le garantizó que mientras Lesbia viviera en nuestra casa, la cuidaría como a una hija.

Era muy gracioso porque, entonces, pasé a ser un visitante en la casa donde viví toda la vida. Para poder utilizar el baño, tenía que pasar frente al cuarto donde Lesbia dormía. Mi madre, cual policía del ejército, montaba guardia en el pasillo hasta que yo saliera del baño.

¡Así eran nuestros días! Divertidísimos y muy particulares Lesbia se ganó fácilmente el corazón de mis compañeros actores y amigos. Las revistas de farándula comenzaron a hacernos reportajes en diferentes lugares, tales como restaurantes y hasta casas de novias, para escoger nuestro vestuario para el gran día. Entonces, llegó el momento de seleccionar la corte y los padrinos.

En primer lugar, escogimos a Anamín, quien fue la responsable de presentarnos, y a mi jefe, Luis Vigoreaux. Pero también escogimos a Digna, la tía de Lesbia, y a su esposo, Carlos. A ellos, añadimos al actor Víctor Alicea y a Carmen Nydia Velázquez. También seleccionamos a Monique Maisonet, la mejor amiga de Lesbia, y a Félix, el hermano de Lesbia y a mi hermano, Jorge. ¡Todos querían ser nuestros padrinos!

Yo quería celebrar la boda en el teatro donde estaba actuando, pero Lesbia quiso ser tradicional y celebrar la boda en su amado pueblo de Quebradillas. Decidimos que la ceremonia fuera oficiada por mi pastora, Leslie Hernández, y por el reverendo Sergio Vives, pastor de Lesbia.

Mientras toda esta planificación se realizaba, "Amor en la hamaca", la obra de teatro en la cual yo participaba, continuaba cada día con muchísimo éxito.

En casa, mi madre, mis hermanas y Lesbia, confeccionaron los arreglos, recordatorios y centros de mesa. Mi jefe habló con un camarógrafo y con un compañero actor que tenía una orquesta, para que estuvieran presentes en la ceremonia y recepción.

Pedí a mis amigos y hermanos, Myrta Rivera, Carmelo Flores, Joey Lugo, María Cotto, Carmen Cotto, de la Primera Iglesia Bautista de Caguas, y Julio Rivera, que cantaran durante la ceremonia. Todos los demás detalles, tales como decoración, flores y pastel, también fueron debidamente coordinados.

Mi suegra nos obsequió el alquiler del local donde se celebraría la fiesta. Se escogió ese lugar porque era bastante ventilado, ya que estaba cerca del mar.

Los avatares del gran día

El día antes de la boda, recibí una llamada del compañero actor que estaría encargado de amenizar la fiesta con su orquesta, indicándome que no podía ir. Llamé a mi futura esposa, para contarle lo sucedido, mi suegra se molestó muchísimo y se puso histérica. ¡Cómo es posible que cancele a última hora! ¡Imagínate, una fiesta sin música, no puede ser!

Todo eso se escuchaba en el trasfondo, mientras Lesbia y yo estábamos tratando de resolver la situación. Yo me molesté, y le comenté a Lesbia que lo importante era recibir la bendición del Señor. El estrés se apoderó de nosotros y tuvimos nuestra primera discusión. Cuando finalmente se calmaron los ánimos, mi futuro suegro, José Castillo, habló con su hermano Noel. Este consiguió los servicios de un hombre orquesta y asunto resuelto.

Antes de colgar la llamada con Lesbia, le advertí que llegara puntual, y en medio de la discusión y el coraje hasta llegué a decirle: "Si no llegas a tiempo, no me caso".

¡Cosas que se dicen en el calor de una discusión por las que podemos pagar muy caro!

La pobre mujer, sin tener culpa de nada, recibió mi descarga. La escuché llorar y me partió el corazón. Durante el noviazgo nunca discutimos, y por culpa de otro la hice sentir mal.

A todo esto, llegó el día de la boda, y la obra de teatro continuaba en cartelera. Yo residía en el pueblo de Caguas, que está ubicado al centro de la isla de Puerto Rico. La boda se realizaría en el pueblo de Quebradillas, que está al noroeste. En circunstancias normales, el viaje se toma aproximadamente una hora y treinta minutos.

Pero olvidamos un pequeño detalle. Al escoger la fecha para celebrar la boda, no nos percatamos de que era, justamente, el sábado antes del Día de las Madres. Mi tía Jenny no tenía transporte y me ofrecí a pasar a buscarla, y así, entonces, no iría solo durante el trayecto hacia el pueblo de Quebradillas. Decidí irme vestido cómodamente y cambiarme en la iglesia. Me vestí con mahones y un t-shirt. El *tuxedo* y los zapatos estaban en el baúl del carro.

Así que, ¡listos! ¡Nos fuimos!

La boda estaba pautada para las dos de la tarde. Salimos a las once y treinta, es decir, con suficiente tiempo para llegar puntualmente. Durante el camino íbamos hablando y riéndonos, hasta que llegamos a un área conocida como Buchanan, donde había una increíble congestión de tránsito. El tránsito estaba detenido. Entonces, recordé que era la víspera de la celebración del Día de las Madres, y esa congestión estaba de madre...

Comencé a sudar, pensando en que, si eso continuaba así, quien llegaría tarde a la ceremonia, sería yo. De inmediato vino a mi mente la advertencia que le hice a Lesbia el día antes: "Si llegas tarde, no me caso". ¡Bueno que me pase, por bocón!

La congestión de tránsito avanzaba lentamente. ¡Ya eran las doce y no íbamos ni por la mitad del camino! ¡Los latidos de mi corazón ya iban al ritmo del reggaetón! Mi tía, con su dulce voz, trataba de calmarme. Orábamos y pedíamos a Dios que pudiéramos llegar a tiempo. También pensaba en todos los invitados y la corte de la boda, que venían de San Juan y llegarían más tarde que yo. Mientras, en Quebradillas ya había llegado Willie Sepúlveda, el fotógrafo, quien estaba tomando las fotos de Lesbia antes de salir hacia la iglesia.

Ya era la una y treinta, y el tránsito continuaba pesado. Para ese tiempo la autopista no estaba finalizada y tuvimos que irnos por la carretera vieja; la famosa "número dos". Las gotas de sudor bajaban en orden alfabético. Mi tía trataba de calmarme. Era ya la una y cuarenta y cinco. Estábamos relativamente cerca, pero la congestión de tránsito era terrible. ¡Todo el mundo dejó para última hora el hacer las compras de los regalos para las madres! ¡Ay, qué madre!

Ya eran las dos. Mi futura esposa ya había ido a la iglesia y, al no verme, se desesperó. Pidió que la llevaran a ver el local donde sería la recepción. Fue y regresó en dos ocasiones. Pensó que yo nunca llegaría.

¡Éramos noticia! ¡Igual que las celebridades! ...ese día me di cuenta

Los medios de comunicación y las revistas de farándula habían divulgado la fecha de la boda.

Frente a la iglesia había muchísima gente, entre invitados y curiosos. Finalmente, como a las dos y media, logré llegar a la entrada del pueblo y los autos estaban detenidos. Bajé el cristal de mi auto y le pregunté a un señor que iba pasando: "Con permiso, ¿sabe usted por casualidad qué sucede, por qué hay tanto tránsito? ¿Hubo algún accidente?".

El señor me respondió: "Muchacho, no, lo que sucede es por tu boda. Te están esperando. Esa pobre muchacha (refiriéndose a Lesbia) está desesperada, pensando que la dejaste plantada". Gracias a Dios los autos se movieron y llegué a la iglesia. No podía creer la cantidad de personas que había frente a la iglesia.

Quise hacerme el chistoso; bajé el cristal y le pregunté al tumulto: "¿Aquí es la boda?"

Y la gente gritó a coro: "¡Avanzaaaaaaaaaaa!"

Me dirigí al estacionamiento y dejé mi auto allí. Tuve que cambiarme de ropa en la oficina del pastor, donde mi amigo y hermano, el pastor Luis Roberto Quiñones, me ayudó.

No podía comenzar la ceremonia debido a que mi familia, mis compañeros actores, parte de los padrinos y parte de la corte que participaría en el desfile, estaban atrapados en la congestión de tránsito. Mi jefe envió un autobús donde venían el camarógrafo y algunos compañeros actores.

La tensión y el calor aumentaban y, finalmente, llegaron casi todos. Mi jefe, quien era el padrino principal, no llegó, y mi hermano, Jaime Fernández, lo sustituyó. Entonces, mis amigos comenzaron a entonar hermosas melodías. La ceremonia estuvo hermosa y matizada con comentarios cargados de humor por parte del pastor Vives, quien arrancó carcajadas con comentarios como este: "Esta es la boda de los gordos; novio gordo, novia gorda y pastor gordo". La ceremonia culminó entre abrazos y muestras de cariño por parte de familiares y amigos.

Willie Sepúlveda, el maestro del lente fotográfico, comenzó la sesión de fotos, la cual fue interrumpida porque el hombre orquesta que iba a amenizar la fiesta envió un mensajero que dijo que nos apresuráramos, porque se iría si no llegábamos pronto, ya que tenía un compromiso luego de nuestra fiesta.

Así que decidimos irnos y continuar la sesión de fotos en el local donde se celebraría la recepción. Nos dirigimos hacia el auto que nos llevaría hacia el lugar, el cual era conducido por mi suegro. Tan pronto nos subimos al auto, comenzó a caer tremendo aguacero; era casi una tormenta. El local que escogimos, por ser ventilado y agradable, con ese aguacero se convirtió en uno calurosísimo; era una boda tipo gimnasio con cuarto sauna. Cuando logramos bajarnos del auto, continuamos con la sesión fotográfica. Comenzó la música y los invitados comenzaron a sudar, digo, a disfrutar de la fiesta.

El tiempo pasó demasiado rápido. No probé nada de la comida ni la bebida; bueno, sí... probé el champagne del brindis. Tuvimos que abandonar la fiesta y dirigirnos hacia San Juan, porque recuerden que esa noche tenía que actuar en la obra de teatro, que aún continuaba en cartelera. Así como lo leen: trabajé el día de mi boda.

La abuela de mi esposa se molestó porque iba a trabajar el día de mi boda con su nieta. Hasta me dijo: "¿Cuánto tengo que pagarte para que no vayas?". Yo le respondí: "Por más que le explique, no va a entender. Tengo un compromiso con mi trabajo, que es con lo que voy a mantener a su nieta". Y nos fuimos.

Íbamos felices, camino al teatro, dando gracias a Dios por la bendición de nuestra unión.

Logramos llegar a tiempo. Hice mi escena junto a la actriz Johanna Ferrán.

Al finalizar el espectáculo, el maestro de la comedia, Shorty Castro, se dirigió al público diciendo: "Señoras y señores, el compañero Carlos Merced se casó hace unas horas y miren dónde está, en este escenario". El público reaccionó, sorprendido, y comenzaron a reírse y a aplaudir.

En el escenario había una cama. Subieron a mi esposa al escenario y Shorty dijo: "Bueno, señores, como Lesbia y Carlos no tienen dónde pasar su luna de miel, les vamos a dar la oportunidad de que la pasen aquí". Entre todos nos empujaron hacia la cama, apagaron las luces y el público comenzó a aplaudir.

Pasa de todo… pero todo pasa.

ESCENA 7

¡Y quisimos ser padres!

"Para completar la dicha y nuestra felicidad
hace falta una cosita ¿qué será? ¿qué será?
Es una cosa chiquita por cierto muy singular,
es como una muñequita que alegrará
nuestro hogar"...
(Rafael Hernández,
Ahora seremos felices, fragmento).

De niño siempre soñé con ser padre, porque tuve el mejor ejemplo: los míos. Quería ser lo más parecido a ellos. Cuando me casé con Lesbia, hablamos del tema y estuvimos de acuerdo. Luego de cumplir dos años de casados, decidimos darnos a la tarea de hacer las gestiones pertinentes.

La primera vez que la regla no llegó, decidimos ir al laboratorio para que le hicieran una prueba de embarazo. El primero fue un intento fallido. El resultado arrojó negativo. Decidimos tomarnos un poco más de tiempo. Consultábamos a cada rato a la ginecóloga, y esta nos decía que no nos impacientáramos. El factor ansiedad, aparente y elevadamente, era la causa de que Lesbia no lograra salir embarazada.

Cada vez que le faltaba la regla, íbamos al laboratorio a hacerle una prueba de embarazo. No recuerdo cuántas veces fuimos obteniendo el mismo resultado negativo.La ginecóloga sometió a Lesbia a un tratamiento especial, y hubo algunos inconvenientes.

Luego de pasar un tiempo considerable, nos sentamos a dialogar y decidimos esperar en el Señor. Decidimos que fuera Dios quien determinara el momento específico cuando —según su voluntad— seríamos bendecidos con la llegada de un hijo o una hija.

Decidimos dar un viaje a la Florida. Visitamos el mundo mágico de Disney y disfrutamos el mismo a cabalidad. Dos o tres meses más tarde, noté algunos cambios de humor en mi esposa.

La miré fijamente y le dije: "Tú estás bien preñá" (que en puertorriqueño significa: "Tú estás embarazada"). Ella me miró, como pensando: "¿Estás loco?". Y yo le dije: "Vamos para el consultorio de la doctora para que te dé una orden médica para un estudio de sangre".

Se me ocurrió decirle eso, porque no podía concebir cómo la dulce mujer que se casó conmigo, se hubiera transformado en otra, con un humor de perros. Aparte de que algo me decía que esta vez sí estaba embarazada. Inmediatamente llamé a la oficina de la doctora para hacer una cita lo antes posible, y solicitarle la orden médica para que se hiciera la prueba de embarazo.

La doctora Ailed González Recio, con quien desarrollamos mucha confianza, comenzó a reírse y nos dijo: "ustedes son bien insistentes". A lo cual respondí: "Doctora, esta mujer tiene que estar embarazada, porque está de un humor, que no hay quien la soporte. Yo creo que mientras dormía, me la cambiaron". La doctora continuaba riéndose, e inmediatamente nos dio la orden para que fuéramos al laboratorio Borinquen, que era nuestro laboratorio preferido.

Les confieso que cada vez que nos tocaba entrar al laboratorio ya nos daba vergüenza, debido a las tantas veces que fuimos. Al llegar frente a la recepcionista, yo pensaba: Esta mujer debe decir: "Mira, ahí vienen los insistentes". Casualmente, como en ese laboratorio trabajaban varias amigas mías que se desempeñaban como tecnólogos médicos, serían las primeras que se enterarían de los resultados.

Procedimos a entregar la orden médica, y mi esposa pasó al cuarto donde extraen la sangre para hacer el estudio de la prueba de embarazo. Yo, obedientemente, me quedé afuera esperando que terminara. Como buenos principiantes, preguntamos cuánto tardaría en saberse el resultado. Nos respondieron que tardaría unas horas y decidimos irnos a desayunar y regresar en la tarde.

Estábamos muy emocionados. Lesbia, quizá, creía o pensaba que volvería a ser un resultado negativo. Pero yo estaba seguro de que esta vez el resultado sería positivo. Recuerdo que camino al laboratorio, oramos y le dijimos al Señor: "Padre, si es Tu voluntad bendecirnos, con un hijo o una hija, que así sea".

Tomados de la mano, entramos al laboratorio. La recepcionista, quien siempre fue muy amable con nosotros, nos dijo que esperáramos un momento. Nos sentamos en la sala de espera. Minutos más tarde, vimos descender las escaleras desde el segundo piso a nuestras amigas, Myrta Rivera, Lydia Cora y Magali Martínez, las tecnólogas. Venían con una sonrisa de complicidad a flor de labios, que no podíamos comprender. Cuando finalmente descendieron las escaleras y estaban frente a nosotros, abrieron y nos mostraron la hoja de papel, con el resultado de la prueba de embarazo. Pudimos leer en letras mayúsculas la palabra POSITIVO, mientras, a su vez, ellas lo gritaban.

Lesbia y yo no sabíamos qué hacer. La emoción fue de tal magnitud, que nos quedamos atónitos. Celebramos junto a ellas y nos fuimos hacia nuestro automóvil. Cuando estuvimos a solas en nuestro automóvil, nos confundimos en un hermoso abrazo y comenzamos a llorar, a llorar y a llorar; y agradecimos a nuestro Padre celestial por la bendición tan grande que nos regaló en ese momento.

Inmediatamente comenzamos a llamar a nuestras respectivas madres para comunicarles la alegre noticia. Fue una noticia muy bien recibida, tanto por nuestros familiares como por nuestras amistades.

Alegría, cambios... ¡y el amor todo lo entiende...hasta los antojos!

Tan pronto corrió la noticia en el ambiente artístico en el cual yo trabajaba, las revistas de farándula comenzaron a llamar, interesados en hacernos reportajes. Varios periódicos o diarios publicaron diferentes notas alusivas a la noticia. Fue una alegría para muchas personas.

Según iban pasando los días, mi amada esposa iba teniendo cambios, tanto físicos como emocionales. Tuve que vestirme de paciencia, y como buen esposo y futuro padre, tuve que comportarme como tal. Compré libros sobre el tema del embarazo. Alquilé películas. Conversé con amigos que ya habían sido padres. Pero pude darme cuenta que cada experiencia es única.

A mi esposa comenzó a molestarle el olor a mi colonia favorita ¡que ella misma me había regalado! Pero eso no fue lo peor. ¡Lo peor fue la llegada de los tan famosos antojos! Y yo, que pensaba que nada de eso que había escuchado acerca de los antojos era cierto, tuve que vivirlo en carne propia.

¡Ay, Padre celestial! Si normalmente antes de quedar embarazada ya era lo suficientemente antojada, ¡no tienen idea de lo que yo tuve que vivir y con lo que tuve que lidiar con amor y mucha paciencia! Cuando menos me imaginaba que se iba a antojar de algo difícil de conseguir... ahí era entonces cuando ella se antojaba.

Recuerdo que en esa temporada yo estaba estudiando periodismo. Ella me acompañaba a la universidad y le daba antojo de comer todos los días, un *grilled cheese sándwich*. A veces se le ocurría antojarse de comer mangos. Pero no cualquier mango. Tenían que ser mangos del árbol que había en la casa de su mamá, en el pueblo de Camuy, Puerto Rico, el cual quedaba a una distancia de una hora y cuarenta y cinco minutos de donde vivíamos. ¡Y había que ir! Bueno, en realidad la primera vez que sea antojó de los mangos, viajé la hora y cuarenta y cinco minutos a buscar los dichosos mangos.

Las veces subsiguientes que se antojaba de comer de los mangos del árbol que estaba ubicado en el patio de la casa de su mamá, yo, con mucho amor y cariño, le decía: "Mamita, te amo, pero si quieres mangos de los del árbol que está en el patio de la casa de tu mamá, vas a tener que esperar que ella venga de visita y te los traiga". Por favor, no piensen que soy malvado.

Otro de los antojos recurrentes era comer hot dogs, o perros calientes. Pero de un establecimiento en particular, no podía ser de otro. ¡Y con el gusto y entusiasmo que se los comía! Y yo, obviamente, la complacía.

Otro de los antojos y el más increíble, fue el de tener deseos de sopa, pero no cualquier sopa; sino sopa de minestrone, del restaurante norteamericano Olive Garden. ¡Y nosotros residíamos en Puerto Rico! Sí; nada más y nada menos que a dos horas y media de distancia, ¡pero en avión! Pues, ¿saben qué? Para beneficio suyo, llegó a Puerto Rico un huracán llamado Marylin, el cual no hizo mucho daño, pero dejó a Puerto Rico sin servicio de luz ni agua. Los boletos aéreos estaban, casualmente, a unos precios increíblemente bajos, y pude comprarlos para complacerle el antojo de la sopa.

Tan pronto llegamos a la ciudad de Orlando, Florida, antes de llegar al hotel, la llevé a *Olive Garden* y le dije: "Ahora, aprovecha y tomas toda la sopa de minestrone hasta que no puedas más". ¡Era preciso ver el entusiasmo con que disfrutaba cada plato de sopa! Demás está decirles que estuvo tomando sopa durante toda una semana, y cada día con más entusiasmo.

Regresamos a Puerto Rico. Ya el servicio de luz y agua se había restablecido. Entonces se antojó de comer arroz con salchichas; pero no del hecho por mí, sino del que preparaba su mamá.

Sí, la del árbol de mango... ¡la misma que vivía a una hora y cuarenta y cinco minutos de nuestra casaaaaaaaa! Ah, y antes de que lo imaginen... sí, aprovechó y comió mangos del árbol que está en el patio de la casaaaaaaa.

A mi esposa se le agudizó el sentido del olfato, de tal manera que podía percibir olores a la distancia. Recuerdo que, en una ocasión, estábamos llegando a casa de mi mamá y me dijo:

"Tu mamá está cocinando; no soporto ese olor; ¡vámonos!". Mi mamá estaba preparando un delicioso sancocho, y el olor que mi esposa percibió fue el del delicioso sofrito que se prepara previo a ese delicioso manjar. Tuvimos que irnos y me perdí uno de mis platos favoritos. ¡El amor todo lo soporta!

¿Niño o niña? ¿Qué tienes para nosotros, Dios?

Pero no todo fue "sufrimiento" para mí, durante ese tan particular y deseado embarazo. Comenzamos a recibir regalos para la criatura por venir. Yo, sin saber el sexo, compré una hermosa camisita en estopilla y encajes, color azul. Ahí salió a relucir el machismo que nunca tuve. Mi esposa me dijo: "¿Qué va a suceder si nace una niña?" A lo cual respondí: "Pues, le compro un lazo".

Llenos de entusiasmo, fuimos a una tienda especializada en ropa y artículos para bebés y ordenamos varios hermosos artículos. Mi entonces jefe, Luis Vigoreaux, se enteró de que había ordenado dichos artículos y me dijo: "Ahora mismo cancelas esa orden. Yo tengo un intercambio con una tienda como esa y vas a ir allí y buscas todo lo que necesites, sin costo alguno". ¡Qué bendición!

Hice lo propio y llegué al pueblo de Bayamón, donde estaba ubicada la tienda llamada "La infantil", donde nos recibió la propietaria, Doña Teresita, una señora muy amable y simpática, quien nos obsequió todo lo necesario para el dormitorio del bebé y hasta la ropa para cuando el bebé saliera del hospital. Definitivamente, fuimos bendecidos.

Mientras avanzaba el embarazo, como típicos padres primerizos, compramos diferentes libros relacionados al tema y al crecimiento del feto. El entusiasmo y la emoción de ser futuros padres eran de tal magnitud, que rayábamos en la ridiculez. Leíamos esos libros a diario y veíamos las ilustraciones de cómo se suponía que debería estar creciendo la criatura.

Claramente, estábamos bien agradecidos del Señor por esa bendición que venía en camino. Mientras tanto, mi madre cosía ropita y sabanillas con encaje en los bordes. Digna, la tía de mi esposa, comenzó a tejer ropita. Yo continuaba insistiendo en que la futura criatura sería un niño.

Entonces, llegó el día del estudio de sonografía, en el que se suponía que se supiera el sexo del o de la bebé. Casualmente, la tecnóloga radiológica que nos correspondió ese día fue, Gloriana Vega, hermana de Félix Vega, uno de mis mejores amigos de la infancia.

Cuando, finalmente, realizaron el estudio, la criatura cruzó las piernas y no permitió que se viera el sexo. Esto sucedió también en las próximas dos ocasiones.

Instrucciones específicas y obediencia... ¡a través de la barriga!

Meses después, cuando ya correspondía hacer el último estudio sonográfico, antes de salir de nuestra casa, me pegué a la barriga de mi esposa y, pensando que la criatura me escucharía, dije lo siguiente: "Bebé, hoy es la última oportunidad que tendremos para saber tu sexo. Sabes que te amamos mucho y nos gustaría saber si eres niña o niño, para poder preparar tu cuartito y así recibirte como lo mereces". Yo tenía por costumbre, hablarle y cantarle al futuro bebé.

La criatura comenzó a moverse y yo continué: "Como sé que me estás escuchando, voy a pedirte que cuando sea el momento preciso, abras esas piernas con toda tu fuerza, de manera tal que se pueda ver si eres nena o nene".

Llegamos al laboratorio de ecografía. Tuvimos la bendición nuevamente que fuera Gloriana, nuestra amiga, quien nos atendiera. Mi esposa estaba tranquila, porque ella tenía idea de cuál sería el sexo. Yo, ansioso, insistía en que sería un niño.

Tan pronto comenzó el estudio, la criatura, obedientemente, hizo lo que anteriormente le pedí; abrió las piernas y claramente pudo verse y comprobarse que me equivoqué: era una niña; una hermosa princesa que venía a robarse mi corazón; a ser la luz de mis ojos; a llenar de felicidad nuestro hogar y los de nuestras familias. Inmediatamente la noticia corrió, y la alegría entre familiares y amigos no se hizo esperar.

Ya todos esperaban con ansias la llegada de nuestra princesa. Mi carrera artística, tanto en televisión como en el teatro, estaba en un buen momento. Yo quería estar presente el día del parto. Entonces decidimos tomar el curso de parto sin dolor, en el cual también matriculamos a mi madre, por si acaso llegaba el momento del parto y yo estaba en el teatro o en la televisión, así ella podría estar presente en el mismo.

Junto a nosotros, también se matricularon Leticia Román y su esposo, Jerry Santiago. El curso era ofrecido por una joven argentina de nombre Cristina; muy seria, por cierto.

Cada clase constaba de varios ejercicios, los cuales había que, obviamente, practicar con la parturienta, es decir, mi esposa.Dicho sea de paso, ese término de "parturienta" lo conocí por primera vez allí. Hasta risa nos causó, porque para nosotros simplemente era: mujer embarazada y, en dialecto puertorriqueño-coloquial: "preñá".

Durante el curso aprendimos y nos divertimos muchísimo, con las ocurrencias y comentarios de mi esposa. En una ocasión, recuerdo que la maestra dijo: "Localicen la pelvis a la parturienta". Mi esposa, por naturaleza, es una gordita bella, lo cual dificultaba hacer lo que la maestra indicó. Entonces, a mi esposa se le ocurrió decir en voz alta: "Tendré que buscar un cuchillo y marcarla, porque con esta barriga es imposible". Ese comentario nos provocó tanta risa, que recibimos un buen regaño de la maestra. A pesar del bochorno que pasamos, recordamos con alegría ese momento. Finalmente nos graduamos del curso, y solo faltaba que llegara el día para poner en práctica lo aprendido.

ESCENA 8

Nuestra princesa llegó con todo

Un día, mientras veíamos una película en la televisión, escuché un: "Ay, Carlos".

A lo cual respondí: "¿Qué pasó? Y mi esposa me contestó: "Yo creo que rompí fuente".

Inmediatamente la atmósfera se tornó tensa. Llamé a la oficina de la doctora y me informaron que se encontraba en otra oficina, que no era a la cual acostumbrábamos a ir. La otra oficina estaba ubicada, aproximadamente, a media hora de donde residíamos.

Llenos de tensión y susto, nos subimos al auto y comenzó la travesía. Yo decía: "Ay, Dios mío, espero que no te vayas a vaciar". Cuando llegamos a la oficina de la doctora, la atendieron rápidamente y nos enviaron hacia el hospital. Le avisamos a mi madre y a mis hermanos, y decidimos encontrarnos en el hospital. De regreso, recordé que tenía que redactar unas preguntas para una sección de un programa de juegos en el cual yo participaba.

En lugar de ir hacia el hospital, nos fuimos a nuestra casa, a preparar la maleta que mi esposa tenía que llevar, y aproveché para redactar las preguntas del programa.

Media hora más tarde, recibimos una llamada de mi madre, indicándonos que ya la doctora había llegado al hospital y que había preguntado por qué mi esposa no estaba allí.

Gracias a Dios, vivíamos cerca del hospital y, raudos y veloces, salimos hacia allá. Recibimos otro regaño por parte de la doctora, adicional al de mi madre y mis hermanos.

Rápidamente, atendieron a mi esposa. Yo, con cámara fotográfica en mano, entré con ella a la salita donde la ubicaron. Había llegado el gran día cuando, finalmente, conoceríamos a nuestra princesa.

El tiempo comenzó a correr. Pasaban las horas y no había dilatación. Solo llegó a los dos centímetros. Entonces, luego de tomar el curso de parto psicoprofiláctico, la doctora decidió hacer una cesárea. Yo que soñaba con ver nacer a mi princesa, tuve que entregarle la cámara fotográfica a la doctora e irme a una sala de espera.

Cuando llegué a la sala de espera, me encontré con varios caballeros que, al igual que yo, estaban esperando por el nacimiento de sus hijos. Durante la espera les di terapia contra el estrés. Cada vez que anunciaban que había nacido un bebé, íbamos todos para ver de quién era.

Así transcurrió el tiempo, hasta que todos sus hijos nacieron. Entonces me quedé solo. Bueno, no estaba solo, porque mi familia estaba conmigo.

Ya avanzada la noche, avisaron que había nacido otro bebé. Fuimos corriendo. A través del cristal, vimos cuando traían a uno, o una, que venía llorando y moviéndose; hasta se viró. Cuando logré leer los labios de la enfermera. Algo me decía que se trataba de mi princesa. Golpeé el cristal y por señas le pregunté cuál era el nombre que estaba escrito en la pulserita que tenía el o la bebé. En sus labios, logré leer el nombre de mi amada. En ese momento comencé a llorar. Mis hermanos y mi madre nos confundimos en un abrazo que duró varios minutos.Tengo que confesarles que mientras estoy escribiendo esto, mis ojos se han llenado de lágrimas. He tenido que hacer una pausa. No puedo contener el llanto al recordar ese hermoso momento que el Señor me permitió vivir. El amor por una hija es algo tan hermoso, que no se puede describir.

No fue un varón, pero sepan que la ropita azul que previamente compré, cuando pensé que sería un niño, sin duda la lució, pero con un hermoso y gran lazo azul.

Nació mi niña

Princesa hermosa,
con cuánto anhelo esperé tu llegada.

Mientras crecías en el vientre de tu mami,
jugaba a imaginarme cómo serías.

Te cantaba, te hablaba y te decía
que serías una adoradora.

Nuestro primer contacto visual
fue hermosamente inexplicable.

Me miraste, como queriéndome decir:
"Este es quien me hablaba y me cantaba".

Me regalaste una sonrisa
que aún tengo grabada en mi corazón.

He disfrutado cada etapa de tu vida.

¡Gracias por amarme y respetarme, aun cuando
varias veces no estés de acuerdo conmigo!

No ha tocado vivir momentos muy duros,
pero han sido más los hermosos.

Pedí a Dios verte crecer y ver y disfrutar
a tus hijas y así Él me ha complacido.

¡Qué bendición es tener una hija como tú!
¡Te amo, Andrea!

No puedo olvidar nuestro primer contacto visual. No me atrevía a cargarla. Sus ojos almendrados me cautivaron inmediatamente. Sus hermosas y rosadas mejillas, invitaban a besarlas. Cuando finalmente la tuve en mis brazos, no podía dejar de mirarla.

La miré, extasiado, por mucho rato. Era una bebé hermosa, pero muy seria. Mientras estaba en el vientre de su mamá, le hablaba, le cantaba y le decía acerca de lo deseoso que estaba por verla. Cuando escuchó mi voz por primera vez, me regaló una hermosa sonrisa que está grabada en mi mente y en mi corazón.

Andrea Noemí fue muy bien recibida por toda la familia. Era la primera nieta en la familia de mi esposa, y la tercera en la mía. Así que imaginarán cuánto amor recibió desde sus primeros días de vida. Por la naturaleza de mi trabajo, como actor, tuvimos la bendición de cuidarla y de llevarla con nosotros a todos los lugares. Se crio en los estudios de televisión y en los camerinos de los teatros donde actué.

Recuerdo una ocasión, cuando ya caminaba, mientras estaba transmitiéndose un programa en directo, se le escapó a mi esposa y fue hasta el estudio, justo cuando estaban realizándole una entrevista a una figura importante en la historia de la televisión puertorriqueña, Don Tommy Muñiz; y, sin ningún tipo de pudor, interrumpió la entrevista con un espontáneo: "Hola".

Yo, que estaba en otra parte del estudio, no encontraba qué hacer. Los animadores del programa resolvieron muy bien la situación, integrándola a la entrevista. Recuerdo que

Don Tommy dijo: "¿Y quién es esta nena tan linda?". A lo que la animadora, Desiré Lowry, respondió: "Es Andrea, la nena de Carlos Merced". Como esa, son muchas las historias que vivimos con mi amada Andrea.

Mientras se desarrollaba, notamos su interés por las artes. Se iba a la marquesina de nuestra casa a bailar y nuestros vecinos eran su público. Al finalizar cada baile, saludaba como toda una profesional y esperaba los aplausos.

Compartía con nosotros todo el día, hasta que cumplió la edad para ir a la escuela. Les confieso que ese primer día fue demasiado emotivo. Llegamos a la escuelita con ese sentimiento de tristeza por separarnos de ella. Pensamos que lloraría y que no se quedaría en la escuelita. Para sorpresa nuestra, llegamos a la puerta y nos dijo con naturalidad: "Adiós", y siguió caminando hacia adentro. Les confieso que quienes lloraron fuimos nosotros. Íbamos en el carro como si hubiésemos salido de una funeraria.

Siempre fue una buena niña. Lamentablemente sufrió de acoso, o *bullying*, en su escuela primaria. Algunos niños se mofaban y le hacían comentarios acerca del peso de nosotros.

Llegaba a casa llorando y nos decía que en la escuela los niños le decían: "Tú tienes unos padres gordos". Ella se defendía muy bien. Nos contaba que les respondía a dichos niños: "Yo soy muy feliz con mis padres y los amo tal como son". Tenía una gran confianza en nosotros. Nos contaba todas sus experiencias y secretos, y la aconsejábamos. Todo cambió al llegar a cierta etapa.

La temida etapa de los cambios en los hijos

(y nuestro amor permanece)

Tus hijos no son tus hijos,
son hijos e hijas de la vida,
deseosa de sí misma.
No vienen de ti,
sino a través de ti,
y aunque estén contigo,
no te pertenecen.

Puedes darles tu amor,
pero no tus pensamientos,
pues ellos tienen sus propios pensamientos.

Puedes abrigar sus cuerpos,
pero no sus almas,
porque ellos
viven en la casa del mañana,
que no puedes visitar,
ni siquiera en sueños.
Puedes esforzarte en ser como ellos,
pero no procures hacerles semejantes a ti,
porque la vida no retrocede ni se detiene en el ayer.
Tú eres el arco del cual tus hijos,
como flechas vivas,
son lanzados.
Deja que la inclinación,
en tu mano de arquero,
sea para la felicidad.

Khalil Gibran,
poeta, filósofo y artista libanés

Llegada la adolescencia, comenzaron los cambios físicos y mentales. Ya no le contaba todo a papá. Comenzó una relación de amistad con mi esposa, y desarrollaron una gran confianza.

El *bullying* que recibió en los años de escuela primaria afectó su autoestima, y manifestaba que nadie se fijaría en ella porque era fea.

En sus años de escuela superior, conoció un muchacho, su "primer amor", con el cual yo no estaba de acuerdo. ¡No me acusen de ser padre celoso! Mi corazón me decía que él no era un buen candidato para ella, y créanme que tan pronto lo conocí, le dije: "Quiero que sepas que no eres lo que quiero para mi hija". Es que el corazón —o no sé si el discernimiento— me permitía ver cosas que, obviamente, ella no veía por estar "enamorada". Porque, como dicen, el amor es ciego. Mi esposa decidió darle un voto de confianza, el cual él no supo apreciar.

Notaba que mi hija se alejaba cada vez más de nosotros. Su carácter cambió radicalmente y se convirtió en una muchacha rebelde, a quien le molestaba los consejos que, como padres, le dábamos. No nos quería escuchar. Ese joven logró manipularla de tal manera que la convenció de no obedecernos. Sufrimos mucho. lloramos y pedíamos al Señor que le hiciera ver a mi hija cuán equivocada estaba.

Luego de un año de intensa oración, terminó la tan tóxica relación. Entonces, recuperamos a nuestra hija. Abrió su corazón y nos manifestó todo el daño emocional que recibió de dicho individuo. Nos narró cómo se burlaba de ella y le decía, entre muchas cosas, que era una bruta.

Me dio mucho coraje y le pregunté cómo había sido posible permitir todo eso. Ella nos dijo que pensaba

PASA DE TODO... PERO TODO PASA

que estaba enamorada y, en su inocencia, creía en todo lo que él le decía. Nos pidió perdón por todo lo que nos hizo sufrir y, simplemente, le dijimos que la próxima vez que se enamorara, fuera más sabia al escoger con quien compartiría, y que se diera a respetar como mujer.

Durante su estadía en la escuela secundaria, conoció muy buenos amigos. Jóvenes con buenos valores que llegaron a ser parte de nuestra familia. Se reunían en nuestra casa y compartían y disfrutaban sanamente viendo películas. Una de esas noches de reunión en mi casa, noté que uno de los visitantes mostraba un interés particular por ella.

Como actor, desarrollé el talento de la observación, y sin ser metiche, me quedé rezagado, pero observando. Estaban todos sentados en el piso disfrutando de la película. Noté que cada vez que mi hija hacía algún movimiento, un joven también se movía hacia donde ella iba. Sospeché que algo sucedía y reforcé la vigilancia. La dinámica del movimiento y la persecución continuaba, y mi sospecha ya iba en aumento.

Terminó la película y los jóvenes comenzaron a despedirse poco a poco. Ya solo quedaban dos; el sospechoso y su mejor amigo. Yo, disimuladamente, comencé a toser. El mejor amigo se despidió y ya solo quedaba el sospechoso. Entonces, vi salir a mi hija con el susodicho para despedirse. Tengo que confesarles que no pude resistir y me arriesgué a observar por la mirilla de la puerta. Entonces, pude comprobar mis sospechas al ver que se dieron un beso. ¡Me gradué de Sherlock Holmes!

Esperé a que mi hija entrara a la casa. No dije nada. Confieso que estuve a punto de decirle, pero respiré hondo, como cuando le hacen a uno una radiografía, y subí hacia mi recámara. Ya en el dormitorio, le comenté a mi esposa, y ella me confesó que también lo sospechaba.

Le dije —refiriéndome al ya no sospechoso—: "El gordito como que no tenía planes de irse".

Y resultó que el gordito regresó. Esta vez para decirnos que, por favor, le diéramos permiso para ser novio de mi hija Andrea, y que tenía buenas intenciones para con ella.

Inhalé y exhalé. De inmediato, procedí con mi discurso de que esperaba que la tratara y respetara como ella lo merecía, obviamente porque quería evitar que volviera a pasar por una experiencia como la que vivió anteriormente. Él, respetuosamente, se comprometió a cuidarla, valorarla y respetarla.

¿Abuelo yo? Pues... ¡Sí!

*Corona de los viejos son los **nietos**,*
Y la honra de los hijos, sus padres.
(Proverbios 17:6 RVR 60)

Un día inesperado, recibimos la noticia de que seríamos abuelos. Corrimos a preparar una boda digna de nuestra princesa, agregando estas memorias a nuestro álbum emocional de felicidad. Agradecemos a muchos "cómplices" que se unieron para hacer realidad esta inolvidable celebración.

Tuvimos la bendición de poder ver nacer a nuestra primera nieta. Lo que, como les conté, no pude experimentar con el nacimiento de mi hija. ¡Qué experiencia tan hermosa fue el poder estar presente y darle apoyo a Andrea en su parto!

En ese momento lloramos de alegría y pude ver cómo Dios contestó la petición que le hice, de que me diera vida para poder ver crecer a mi hija y ver su descendencia. Pude sentir, también, cómo Dios dispersa nuestras nubes grises con rayos de luz que cambian nuestros pensamientos hacia nuevas esperanzas de vida.

Mi nieta nació cuando apenas comenzaría mi tratamiento de diálisis. ¡Le pedí tanto a Dios que me bendijera con salud para poder verla crecer! Y me lo concedió. Estoy gozando cada una de sus ocurrencias; ustedes las están viendo en mis redes sociales. ¡Una vez más, el Señor mostró Su fidelidad! ¡Cuán bendecido soy!

Así conocimos a Giulia Sofía; nuestra primera nieta. El amor de abuelo es un amor diferente, indescriptible. No significa que los nietos se amen más. Es simplemente un amor sin ningún tipo de responsabilidad, como lo es el de los hijos. Los abuelos estamos para consentir, amar y alcahuetear a esas hermosas criaturas que han llegado a nuestras vidas para dar hermosos matices de color.

Los nietos, con su llegada, borran cualquier tristeza y motivan a continuar viviendo intensamente, esta vez con la fe de anhelar tener una larga vida para contribuir en su educación y sembrar la semilla del amor a Dios. Esa es la mejor herencia que podemos dejarles a nuestros nietos.

Giulia es una niña muy talentosa, risueña, ocurrente, inteligente, cariñosa y sociable; diría que demasiado. Muchos comentan que Giulia heredó de mi esposa y de mí, la simpatía y el ser sociable. También nos responsabilizan de su dramatismo y buen humor. Se comporta como la emergente generación de puertorriqueños en los Estados Unidos. Habla inglés espontáneamente (y español). Pero no voy a quejarme. Yo me crie en Puerto Rico, hablo cuatro idiomas y soy maestro de francés. "De casta le viene al galgo..."

Llega una nueva chica

Andrea, mi hija, es hija única. Siempre quiso tener hermanos. Por varios años nos cuestionó el por qué no tuvo hermanos. Recuerdo una vez —como a sus cinco años— que, con la madurez que le caracterizaba, nos preguntó: ¿Ustedes no han considerado la alternativa de adoptar un niño? Sabíamos que cuando fuera una adulta, procuraría tener más de un hijo.

Una tarde del mes de agosto del 2020, Giulia, nuestra nieta, hizo su entrada triunfal a nuestro apartamento, luciendo una camiseta con el siguiente mensaje escrito: "¿Esta camisa me hace parecer una hermana mayor?". Comenzamos a gritar de alegría y emoción al saber que seríamos abuelos por segunda vez. Nuestra hija nos dijo: "Yo no quiero que mi hija pase lo que yo pasé. Siempre quise tener un hermano".

Nos preocupó el hecho de que nuestra nueva nieta nacería durante la pandemia del COVID-19. Mi hija siguió todas las instrucciones para evitar contagiarse, pero lamentablemente se contagió tres días antes del nacimiento de la bebé. Nos unimos en oración por la salud de ambas. Como todos saben, las visitas a los hospitales estaban restringidas. Mi hija tuvo la bendición de recibir un tratamiento de anticuerpos, el cual le ayudó a combatir el virus. Debido a la corta respiración que estuvo experimentando, le hicieron una cesárea. A diferencia del primer parto, no pudimos acompañarla.

El 16 de abril del 2021 llegó a nuestras vidas Luna Isabella, nuestra segunda princesa. ¡Gracias a Dios, Luna nació sin ningún tipo de complicación! Actualmente disfrutamos plenamente cada vez que nuestras princesas llegan a nuestro hogar. Se nos olvidan los dolores. No hay espacio para la tristeza. La casa se llena de risas.

A pesar de mis procesos de salud, Dios se ha mantenido fiel. A Dios solo le pido salud y vida suficiente para verlas crecer y convertirse en adoradoras. ¡Sé que lo veré!

P.D. ¿Recuerdan que les mencioné el inglés que habla Giulia? Pues mi yerno, Ricky, dice que Luna Isabella nació con el *chip* del español... "Es el primer idioma que le sale cuando habla!

Pasa de todo... pero todo pasa.

Mis amigos periodistas...
¡qué bueno que no se callan nada!

"Mi querido amigo Carlos Merced me anuncia que está escribiendo un libro sobre su vida. Y me hace el honor al pedirme que escriba algunas líneas sobre nuestras vivencias para incluirlas en esta publicación. Pero me pone límites; me advierte que no puedo exceder

determinado número de caracteres porque no se trata, precisamente, de una enciclopedia, pienso yo acá. Pero de pronto caigo en cuenta que la realidad es que no quiere que escriba mucho, no sea que revele muchas cosas. Como, por ejemplo, las peripecias del día de su boda con su media mitad, Lesbia Feliciano.

Cada vez que nos vemos, o que intercambiamos bromas por las redes sociales, no pierdo la oportunidad de recordarle que solo un milagro permitió su casamiento con esta gran mujer quebradillana. Posiblemente, por nuestra culpa, porque a la Prensa se le culpa de todo en este país, Carlos Merced llegó tarde a su boda porque en ese afán desmesurado de dar las últimas noticias en detalle, como nos enseñó Aníbal González Irizarry, di muchos detalles sobre el día, lugar y hora en la que estos tórtolos se iban a matrimoniar. ¡Y para qué fue aquello!

De Carlos les puedo contar, además, otras cosas. Este querido cagüeño no se equivocó al escoger su profesión magisterial. Porque, más allá del aula, a través de sus experiencias de vida, unas alegres y otras no tanto, todos los días nos da lecciones. Lo demás, las risas que nos arranca, es un valor añadido a todas sus virtudes.

Su vida no ha sido fácil. Quebrantos de salud lo han puesto a prueba muchas veces.

Esa ha sido precisamente, la gran lección que nos da. Su fortaleza, su ánimo y su inquebrantable fe en Dios. Como buen maestro, nos ha dado una clase magistral.

*Y como comediante, ni hablemos. La historia de su trayectoria está escrita en estas páginas. Muchos personajes que nos han sacado carcajadas, entre ellos el del señor **Arrrrcarrrrrrrde.***

Muchos años de amistad, que agradezco profundamente. No creo que sea necesario decir que lo conocí flaco y con pelo. Pero años después, querido amigo, sigues igual de sabrosón. Y lo que te falta. En el nombre poderoso de nuestro Dios".

Belén Martínez Cabello
Periodista

"Carlos Merced ha sabido pisar fuerte. Es un hombre de fe, convicciones claras, consistente y feliz. Esa felicidad no es producto de una vida fácil, pero sí de una vida plena. Cuando queremos usar de referencia a un personaje bíblico que haya tenido que enfrentar adversidades, inevitablemente pensamos en Job, "temeroso de Dios y apartado del mal", quien tuvo que enfrentar sufrimientos severos. Sin embargo, Job siempre mantuvo su integridad y su fe. En circunstancias distintas, pero con una fe similar, Carlos ha sabido mantenerse firme ante las desventuras porque tiene claro en quién ha creído. Él sabe que pasa de todo, sobre todo, pasan milagros que él experimenta con frecuencia.

Este libro es una crónica de su vida que, afortunadamente, ha sido aderezada por el humor, ya que la risa alivia, abraza, redime. Sus relatos alegran y conmueven, cada capítulo es una celebración de amor, nostalgia, risas y esperanza. Si algo no ha podido hacer Carlos Merced es aburrirse, ¡en su vida pasa de todo! Pero como dijo el gran Antonio Machado en su poema Cantares: "Todo pasa y todo queda, pero lo nuestro es pasar, pasar haciendo caminos..."

*Esta obra es un testimonio de ese camino que Carlos ha sabido andar con humildad y que con generosidad comparte con nosotros para recordarnos que **pasa de todo, pero todo pasa**".*

| **Isamari Castrodad**
Escritora, periodista y publicista

"La vida, como Maestra por excelencia, nos da lecciones de las que, depende de nuestra circunstancia, decidimos si disfrutarlas, o sufrirlas y aprender de ellas. Son pocos los que tienen el talento de compartirlas desde el humor. Como esposo, hijo, hermano, padre, abuelo, amigo, maestro, actor, humorista, receptor de dos trasplantes, paciente de cáncer en cuatro ocasiones y, ante todo, un optimista empedernido, Carlos Merced es uno de esos privilegiados. Ya sea desde el escenario o desde sus redes sociales, y ahora en esta primera experiencia literaria, Carlos Merced nos comparte sus

buenas y otras, no tan agradables vivencias, y nos hace ver nuestra propia circunstancia y suerte de vida reflejada en ello. Y tenemos dos opciones: o reírnos de nosotros mismos o reflexionar sobre nuestra propia naturaleza humana y aprender de su circunstancia, como una lección magistral.

Carlos Merced se ha convertido en un "coach" de vida, que se nos ha adelantado en experiencias para enseñarnos cómo, en su día, "enfrentar al toro", agarrarlo por los cuernos y vivir para contarlo, con fe y esperanza. "Pasa de todo, pero todo pasa", debe ser lectura obligada de mañana, con café en mano, o en las noches, para dormir sonriendo. Bienvenida la lectura".

Carlos Rubén Rosario
Periodista y DEScritor

"Todos conocemos o hemos vivido historias sobre pérdidas y sufrimiento. Los quebrantos serios de salud traen mucho dolor físico, emocional y psicológico. Las noches de desvelo llevan a la mente a hacerse mil preguntas, a darle albergue al miedo, a dejar que se cuele la incertidumbre acompañada de angustias. ¿Pero cómo lograr afrontar algo así? No sobrevivirlo, sino salir airoso de ello, una y otra vez. La risa. En eso Carlos Merced es experto. Pero no es solo la risa; la receta de Carlos incluye la fe en abundancia, el apoyo de su familia, la oración de la gente que le quiere y admira y, sobre todo, sus conversaciones con Dios. Es así que ha logrado escribir su historia, muy dramática en ocasiones, de manera liviana. Las anécdotas cómicas y felices son pinceladas de colores brillantes en este libro. También están los grises... narrados desde su humanidad y enfocados en el amor y la fe. Por eso, la lectura te deja sintiendo optimismo, a pesar de los avatares de la vida. Pasa de todo...pero todo pasa, es para sentir y disfrutar".

Haydée Zayas-Ramos
Escritora

"¡Tú eres más lindo!

Todo el mundo debería escribir su propia historia. El mundo sería entonces una enorme biblioteca mundial y estaríamos todo el tiempo tumbados en cualquier esquina leyendo, sin tiempo para hacer nada más. Pero eso no pasa. Es una quimera. Entonces, digamos que hay gente que tiene que escribir su historia porque necesitamos que lo hagan. Carlos Merced es una de esas personas.

Los que llevamos años escuchando o leyendo las peripecias de Carlos para ser feliz, somos privilegiados porque recibimos un cantazo de energía con cada una de ellas. Hemos recorrido con él en las redes sociales, el correo y el teléfono, y muchos en persona, sus altas y sus bajas, sus dolores y sus alegrías, sus batallas y sus treguas.

Esto es distinto. Cuando Carlos me pidió que leyera algunos de los escritos que aparecen en este libro, la sensación fue más profunda que la que se describe como un honor...

y confieso que menos sublime. Fue una mezcla de vanidad y complicidad. ¡Me escogió a mí!

Lo que leí - sencillo, directo, sin drama - me devolvió algo de la poca humildad que tengo y me hice un ocho tratando de escribir algo en trescientas palabras para describir a Carlos que no fuera la palabra que se ha viciado tanto y he sacado de mi vocabulario... resiliencia. Ciertamente debo decir que mi amigo se sostiene en todos los pilares de ese concepto que otros han estropeado. Él sienta sus nalgas sobre los siete: conciencia, independencia, energía, iniciativa, creatividad, ideología personal y sentido del humor.

*Pero...es en uno de los relatos de este libro - **Conversaciones con mami** - donde encontré la descripción que estaba buscando para Carlos. Cada vez que Carlos Merced le decía a su mamá "¡Que linda eres!", ella le contestaba lo que le digo hoy: "¡Tú eres más lindo!"*

Wilda Rodríguez
Periodista

"Entretenido e inspirador. Carlos nos muestra en su libro que siempre hay espacio para el humor, aun cuando el panorama no sea el más alentador. Cada capítulo es un relato corto de sus vivencias, utilizando un estilo informal y un tono sutilmente jocoso. Es casi como tener una conversación entre amigos en un café, sobre las cosas que nos tira la vida y la forma en que escogemos manejarlas. Indudablemente, una lectura conmovedora acerca de la aceptación de la fragilidad de la vida, y la esperanza de que todo suceso eventualmente pasará; integrando en cada relato, de manera sincera y humilde, el testimonio de la obra de Dios en su vida. Un libro que apela al optimismo realista y a la autocompasión para balancear nuestra condición humana".

Rhina Jiménez
Exestudiante

"Pocos logran narrar historias y provocar risas, identificación y sentimientos. De forma sencilla, Carlos nos toma de la mano y nos cuenta su historia desde la tarima de su alma. Más aún... Carlos desnuda al actor-comediante y mágicamente expone al hombre de familia, el ciudadano, el individuo y el hombre de fe. Esta vez desde una tarima escrita, Carlos convierte a sus amigos y amigas, familiares y conocidos en personajes protagonistas de su narrativa, cómplices, culpables e inocentes. Resulta sencillo identificarse con muchas de sus situaciones de vida. La relación con su madre, el dolor de su partida, sus hospitalizaciones, el encontrarse con personas que nos "rompen la tapa de bloque", el miedo a lo desconocido, el dolor de la impotencia, la risa como sanación, la fuerza que te da la familia y el significado de la fe. Carlos logra convertirse en un espejo donde vemos quiénes somos realmente. Donde podemos ver que, aunque somos seres únicos, no somos los únicos que vivimos ciertas experiencias de vida. Hay un pedacito de la vida de Carlos en cada uno de nosotros, y es él quien nos da luz de cómo vivir mejor en este gran teatro de la vida".

Elwood Cruz
Periodista

"El telón sube nuevamente para Carlos Merced, esta vez para permitirnos conocer detalles íntimos de la búsqueda de un tesoro incalculable... la salud.

En **Pasa de todo... pero todo pasa,** Carlos nos recuerda que en la vida vamos a aprender de manera agradable, o con pruebas que no sean de nuestro agrado. Como líder innato, nos explica de forma jovial y campechana la clave de su éxito. Problema, solución y ganancia. Su formación pedagógica, como actoral, lo hacen ver cualquier obstáculo como aprendizaje; lo que lo hace un constante vencedor. **Pasa de todo... pero todo pasa,** es un bálsamo para el lector y un manual de vida.

La sensibilidad con su entorno, principalmente con mujeres trabajadoras, hacen que la lectura sea un oasis para el espíritu. Merced relata sus vivencias con tanta pasión, que nos parece estar junto a él durante la narración. Carlos, un obrero consagrado del arte, políglota, humilde y bonachón, nos regala una magistral obra para futuras generaciones.

Presté atención a su llanto, a la orfandad, a la visita de un ángel, y disfruté, a plenitud, el relato de una boda de comedia. ¡Bravo!"

Yadira Tanco
Redactora

"Las pérdidas que ha sufrido
En su nido familiar
No han podido quebrantar
A su espíritu aguerrido
Es por eso un estallido
De nostalgia y de costumbre
Vistiendo la pesadumbre
De un humor tan resistente
Permite que Él te lo cuente
Nos deleite con su lumbre.

A la vida da sabor
Con su arte, su escritura
Al lector nos asegura,
Porque él vive con amor,
Transitar por el dolor
Dibujando una sonrisa
Por la fe que profundiza
Con fuerza y fidelidad
Con sus letras, su verdad
Como alegre y fresca brisa.

Decir que Pasa de todo
Pero todo pasa, mejor
Lo vemos de otro color
Con diferente acomodo
Carlos Merced a su modo
Crea un libro bien pensado
Queda aquí recomendado
Y con él poder entrar
Emocionarte y gozar
A su sueño ya plasmado".

Carmen Nydia Velázquez
Actriz, cantante y escritora

127

Nuevo comienzo y quebrantos de salud

¿Nos vamos ya?

Ya era mi sexto año como director escolar en una escuela de una comunidad muy hermosa, donde aún vivía lo que yo denomino "gente de verdad". Fueron seis años en los que logré ganarme el amor de padres, maestros, estudiantes y vecinos de la comunidad del Barrio Espino de San Lorenzo. Un lugar donde quizá, para algunos, le faltaba mucho. Sin embargo, sobreabundaba la buena fe de su gente. El compromiso y la solidaridad que me demostraron que su riqueza de corazón y buena fe, era más importante que todo el oro del mundo.

Recuerdo que, durante el verano, cuando no había estudiantes, sonaba el teléfono y me preguntaban, por ejemplo: "Míster, ¿usted ya almorzó?". Y al ratito llegaban con almuerzo, no solo para mí, sino para todo el que estuviera presente.

¡Cuán difícil me resultó el tomar la decisión de renunciar! Ya estaba teniendo problemas de salud. Me sentía cansado, tenía úlceras en las piernas y dolor al caminar. Estaba en oración y le decía al Señor: "Padre, entiendo que ya hice lo que tenía que hacer en este lugar. Me siento cómodo con mi gente, pero entiendo que ya es tiempo de moverme a otro lugar. Te pido que me muestres y me lleves a donde tú entiendas que me necesitas".

Estaba cómodo en ese lugar. Tenía permanencia en el trabajo, pero algo me decía que ya era hora de moverme a otro lugar. Había dialogado con mi esposa acerca de eso, y ella, obviamente, me sugirió que lo pensara bien.

Esa noche decidí visitar una iglesia que no era a la cual asistía, y le dije a Dios: "Si esta decisión es algo que viene de ti, estoy seguro de que me hablarás esta noche a través de este pastor que no conozco". Visité esa iglesia, y recuerdo que, en una parte del mensaje, el pastor dijo: "Esta noche hay una persona aquí que tiene que tomar una decisión importante y está inseguro. Yo le digo a esa persona que haga ese viaje porque en el lugar hacia donde va, está su bendición". Al escucharlo, sentí algo que aún no puedo explicar. Al finalizar el servicio pedí copia de la predicación para que mi esposa la escuchara. Mi esposa aún no estaba muy convencida de que, como familia, diéramos el gran paso. Iríamos a un lugar donde no se hablaba nuestro idioma, donde solo conocíamos a una familia, donde no sabíamos cómo nos iría o si nos acostumbraríamos.

Me enteré a través de un amigo que, en Lakeland, Florida, estaban reclutando maestros, y que su hermana recién había sido reclutada y le iba muy bien. Inmediatamente contacté a su hermana y ella me orientó y ayudó. Envié varios *resumés* a las escuelas de ese condado. Un día, recibí una llamada de la secretaria de una escuela, indicándome que el principal me llamaría en los próximos 15 minutos. Yo estaba acostado en la cama y comencé a orar. Recuerdo que dije: "Dios mío, que puedan entenderme con este *portorrican accent*".

Entonces, el teléfono sonó, y yo, temblando como una hoja en medio de un huracán, contesté con un firme: "*Hello*"; y entonces comenzó la entrevista por teléfono. Y el principal, muy interesado en contratarme, me preguntó si yo estaría disponible para viajar y tener una segunda entrevista.

Yo le contesté afirmativamente, ya que de todas maneras iba a viajar para participar en una feria de empleo. Yo aún estaba ejerciendo como director escolar, y al mismo tiempo estaba actuando en una comedia que llevaba varios meses en cartelera, había diversidad de opiniones entre familiares y amigos: "¿Estás loco? ¡Tienes un trabajo con permanencia y te vas a ir a aventurar! ¡Yo no voy a opinar, pero a ustedes no se le ha perdido nada allá! Piénsenlo bien. Luego no se arrepientan. Después no se quejen. ¡Ojalá les vaya bien!".

Entonces, llegó el día del viaje y aún continuaban los comentarios, más negativos que positivos, pero en mi mente solo estaba la petición que le hice al Señor, de que me llevara al lugar que Él entendiera que debía ir, y al mismo tiempo, en mi mente escuchaba la palabra que recibí a través de los labios del pastor.

No puedo negarles que mi corazón latía a muchas revoluciones, pero tenía que dar el paso.

Finalmente, llegué al aeropuerto de Orlando, Florida; y Félix, un primo de mi esposa, fue a buscarme para luego llevarme a un punto de encuentro con Lizzie Ortiz, la hermana de mi amigo, quien me dio hospedaje en su casa y también me llevó a la entrevista de trabajo.

Llegó el día de la segunda entrevista y todo fluyó muy bien. Dos días después de la entrevista, recibí la llamada en la cual me ofrecieron el trabajo y lo acepté.

Inmediatamente, fui a buscar apartamento para alquilar, visité todos los *garage sales*, *Salvation Army* y cuanta tienda de artículos del hogar que existía a buen precio.

Una vez tuve el apartamento amueblado y preparado, llamé a mi esposa y le dije: "Nos mudamos". Entonces, ella respondió: "Ay, Dios mío".

Le sugerí a mi esposa que, si no estaba de acuerdo, pues que permaneciera en Puerto Rico hasta que me estableciera. Entonces, mi hija, con sus tiernos 10 años, tomó la palabra y dijo: "Nos vamos todos juntos porque nosotros somos una familia, y las familias tienen que estar unidas en las buenas y en las malas, y nos llevamos hasta al perro". Mi esposa, que ya había escuchado el mensaje grabado del pastor, se convenció y me dijo: "¿Cuándo nos vamos?".

Luego de tomar la decisión, faltaba la peor parte, la sentimental. Tener que despedirte de tu familia, amigos y compañeros de trabajo. La tristeza se apoderó de mi corazón al tener que despedirme de mis amados maestros, personal y comunidad del barrio Espino de San Lorenzo, además de la familia extendida. Gente a quien llegué a amar como nunca imaginé. ¡Gente de verdad!

Mi madre, muy discreta, no comentó mucho al respecto. Solo se limitó a decir: "Les deseo que les vaya bien". Pero sus ojos decían otra cosa. Significaba despedirse de su hijo mayor, "del nene", de su nieta y de su nuera. No fue fácil ignorar aquella mirada, pero entendí que la voluntad de Dios era moverme de lugar, porque un gran propósito habría "al otro lado del charco".

¡Y llegamos a Lakeland!

El 10 de julio del 2007 hicimos nuestra entrada triunfal a la ciudad del Orlando, donde varias veces llegábamos en calidad de visitantes. De hecho, siempre dije que como turista sí, pero como residente jamás. ¿Qué les parece? Como dice el refrán: "Hable hoy y muérase mañana".

Félix Manuel, un primo de mi esposa, Lesbia, nos fue a buscar al aeropuerto y nos llevó a su casa, donde nos quedamos por espacio de dos semanas. Finalmente, él nos llevó a lo que sería nuestro nuevo hogar; la ciudad de Lakeland. Una hermosa ciudad que inmediatamente nos cautivó.

Aún no teníamos auto. Nuestra amiga, Lizzie Ortiz, era quien nos llevaba de lado a lado. Lizzie fue la responsable de nuestra mudanza a Lakeland. Fue ella quien, a través de su hermano Josean, me dejó saber de la necesidad de maestros en la ciudad.

Alquilé un auto por varias semanas para hacer algunas gestiones; entre estas, matricular a nuestra hija en la escuela intermedia. Andrea, mi amada hija, estaba muy emocionada, ya que iba para una nueva escuela. La escuela que le correspondía estaba localizada como a veinte minutos de distancia en auto.

Llegamos a la escuela y la principal entrevistó a Andrea, quien en un inglés muy fluido respondió a todas las preguntas que le realizaron. La directora nos dijo que nuestra hija no tendría ningún problema, ya que dominaba el idioma inglés.

Yo ya tenía contrato firmado para trabajar como maestro de español en *Kathleen High School*, y comencé a buscar un trabajo para mi esposa, quien recién había terminado su posgrado de maestría en Orientación y Consejería.

Visité la página web del condado de Polk y vi una convocatoria para asistente de consejería. Inmediatamente llamé y pregunté acerca por la posición, y si aún estaba disponible. Respondió la llamada una joven puertorriqueña llamada Lillian Piñeiro, quien me atendió muy amablemente. Como muchas personas que llegan a los Estados Unidos, mi esposa estaba un poco temerosa, porque entendía que no dominaba el inglés suficientemente.

Recuerdo que al indicarle a Lillian que mi esposa tenía maestría en Consejería, esta lo verbalizó, justo cuando Mrs. Lillian Daily, otra puertorriqueña, quien era la secretaria de la directora, estaba pasando cerca de ella. Al escucharlo Mrs. Daily, dijo: "Dile que no cuelgue la llamada".

Entonces Daily fue donde la directora y le informó acerca de la llamada, a lo cual la directora indicó que citaran a mi esposa para entrevista. Yo le dije que estaba muy bien y que me diera fecha para la misma.

Le comenté a Lillian que mi esposa tenía temor porque no dominaba el idioma inglés, a lo cual ella respondió: "Pero es que precisamente eso es lo que necesitamos, una persona que hable español". A todo esto, mi esposa ni se había enterado de lo que yo acababa de hacer. Cuando le dije, me respondió: "Pero, ¿tú estás loco? ¿Cómo vas a hacer compromisos sin consultarme?".

Yo le respondí: "Tú querías conseguir un trabajo, pues ahí lo tienes". Entonces me dijo: "Tú estás loco", y sonrió y decidió darse la oportunidad.

Pero había una situación muy particular. No teníamos auto para ir a la entrevista y, peor aún, la entrevista era en Haines City, y no teníamos ni idea de dónde estaba ubicada esa ciudad. Se me ocurrió llamar a mi amiga Lizzie Ortiz, para preguntarle si ella sabía dónde era Haines City.

Ella me respondió que conocía el lugar, porque su papá vivió un tiempo allí, y también se ofreció a llevarnos a la entrevista. Es entonces cuando nos enteramos que Haines City quedaba a cincuenta minutos de distancia de donde vivíamos.

Un nuevo comienzo para mi esposa

Así llegamos a *Boone Middle School,* donde sería la entrevista. Mi esposa estaba nerviosa, pero la animé. Le dije que ella lograría pasar la entrevista, aunque ella pensara que no dominaba mucho el idioma inglés. Nos presentamos y nos identificamos. Nos recibió Lillian Piñeiro, quien fue la persona con quien previamente hablé por teléfono.

Inmediatamente hizo pasar a Lesbia y yo me quedé en el recibidor, junto a Lizzie y su hija Daliz.

Por experiencia, mis entrevistas de trabajo habían sido cortas, pero esta entrevista ya se estaba prolongando, y comencé a desesperarme. Le comenté a Lizzy y a Daliz: "Ay, ¿ustedes no creen que se está tardando demasiado? ¿Será que no la van a seleccionar?". A lo cual Lizzie me respondió: "Nene, tranquilízate, si no la fueran a seleccionar, hace rato que habría salido".

Luego de un rato, finalmente veo salir a Lesbia en compañía de una mujer que medía como siete pies de estatura; era Mrs. Nancy Leonard, la directora escolar. Ambas salieron sonrientes. La directora, muy contenta, dijo: "Lesbia está contratada".

No tienen idea de cuán alegre me sentí. Dimos gracias a Dios, y a Lizzie, por habernos llevado hasta ese lugar. Lizzie fue un ángel para nosotros. Fue nuestra guía turística y nuestra mentora. Entonces, nos dimos a la tarea de ir a las subastas de autos para conseguir un auto para ambos. Afortunadamente conseguimos los autos. Estaba todo listo para comenzar nuestra nueva vida.

Sin embargo, no nos habíamos percatado de que mi horario de entrada a trabajar era a las siete de la mañana, y el de mi hija y mi esposa coincidían. Con el agravante que mi esposa trabajaba a cincuenta minutos de distancia y comenzaba a la misma hora de entrada que mi hija.

Intentamos la alternativa de dejar a mi hija más temprano en su escuela, pero no estaba permitido.

Mi esposa decidió presentar la renuncia a su trabajo. Cuando llegó, se presentó donde la directora y le dijo la razón por la cual renunciaría. La directora le dijo que no se preocupara; que si lo que ella necesitaba era entrar más tarde, de manera que pudiera dejar a la niña en su escuela, no habría problema, porque podría darle la oportunidad de hacer un ajuste a su horario de entrada.

Fue así que, en la tarde, cuando regresó, me contó lo sucedido y confirmamos que la mano de Dios estaba sobre nosotros. Estábamos muy agradecidos a Dios por las bendiciones que hasta ese momento habíamos recibido.

Desafíos, vengan a mí

Días más tarde, me di a la tarea de buscar un médico para dar seguimiento a mi condición de diabetes. Conseguí una doctora cuya oficina estaba cerca de mi residencia. Fui a mi primera visita, donde le conté mi historial médico, y me envió a hacer varios estudios de sangre.

Pocos días después, recibí una llamada de la enfermera de su oficina indicándome que tenía que ir con urgencia a su oficina, lo cual despertó preocupación y curiosidad, y le pregunté el por qué. La enfermera me respondió que el resultado del análisis de sangre arrojó que tenía algo conocido como "pancitopenia". Inmediatamente me fui a los buscadores de información en internet, y me alarmé al leer lo que encontré. Pude interpretar que se trataba de algo muy parecido a la leucemia. Me asusté muchísimo y fui al consultorio, donde me lo confirmaron personalmente.

Regresé a casa y comencé a llorar. A pesar de que había ido a dar seguimiento a mi estado de salud, no esperaba unas noticias tan fuertes y negativas. Sentí que mi mundo se vino abajo. Poco sospechaba yo que esto era tan solo el principio de una cadena de eventos del que solo me salvarían Dios, mi fe y las personas que de seguro él ya había elegido para que yo sobreviviera y viviera. Decidí consultar a Tulio Rodríguez, un amigo de la juventud, quien es un destacado oncólogo en la Universidad de Loyola, en Chicago.

En mi desesperación, le conté lo sucedido y cómo me sentía. Él me pidió que lo tomara con calma y que tratara de conseguir los resultados de mis estudios para poder estudiarlos y darme su opinión. Una vez que logró tener acceso a los resultados de mis estudios, me explicó que el término "pancitopenia" es muy abarcador, y que él entendía que yo no tenía nada relacionado a la leucemia. Me dijo que, si yo quería ir a Chicago, con mucho gusto me atendería.

Sin embargo, me habló de una colega que ofrecía servicios en el hospital *Moffit Cancer Center*, el cual estaba ubicado en el campus de la Universidad del Sur de la Florida (USF), a dos horas de distancia de mi casa. Me preguntó si yo estaba dispuesto a ir hasta la ciudad de Tampa, a una consulta con su amiga, la Dra. Melisa Alsina, una destacada oncóloga puertorriqueña, y acepté, entendiendo que ella es una persona muy ocupada y que tendría que esperar a que estuviera disponible.

A los pocos días recibí la llamada de la Dra. Melisa Alsina, preguntándome si estaba disponible para ir a una consulta con ella. Me sorprendí, porque fue ella misma quien me llamó. ¡Dios continuó abriendo puertas! Le respondí que sí, pero no me percaté que no tenía ni idea de cómo llegar a Tampa. No tenía GPS.

Decidimos aventurarnos y nos fuimos. Nos dejamos guiar por los letreros que había en el camino, mientras orábamos para no perdernos. No compré ningún mapa porque soy malísimo interpretándolos. No sé distinguir si tengo que ir hacia el norte, sur, este u oeste. Nuestra hija, quien tenía en ese entonces 11 años, era nuestra guía.

Gracias a Dios, llegamos al hospital. Había un área de valet parking. Allí nos recibió un caballero, muy simpático, por cierto, quien al vernos nos preguntó, con su acento cubano bien marcado: "¿Llegaron hoy mismo de la isla?". Parece que logró identificar la mancha de plátano en nuestras caras. Le indiqué que iba a una cita con la Dra. Melisa Alsina, y él me dijo: "Ah, tranquilo; va a estar en buenas manos".

Al llegar al área, mi esposa y mi hija se quedaron en una sala de espera donde había varios juegos de mesa. Yo entré y fui recibido, casualmente, por una enfermera puertorriqueña, quien me atendió muy amablemente y me hizo pasar a una sala donde me recibió un doctor, quien también era puertorriqueño y estaba haciendo su residencia.

Tan pronto me vio, me dijo: "Tanto tiempo viviendo en Puerto Rico y nunca lo vi en persona, y mire donde vengo a conocerle. Soy el doctor Nelson Matos, de Coamo, Puerto Rico. Lo conozco por su trabajo como actor en las comedias de televisión en Puerto Rico". Me dio mucha alegría y me sentí más confiado. Me examinó, y me dijo que esperara por la Dra. Alsina.

Minutos más tarde llegó la doctora y me dijo que, a simple vista, estaba segura de que yo no tenía nada parecido a la leucemia, pero que, como le habían comentado acerca de lo quisquilloso que yo era, ordenaría una biopsia de la médula ósea. Estuve de acuerdo e hicimos la cita para tales efectos.

¡Mi papá no tiene eso!

Mientras esto sucedía, en la sala de juegos donde se quedó mi esposa con mi hija sucedió algo muy particular. Mi niña, observando a su alrededor, se percató de que había varias personas que no tenían cabello. De inmediato, y con la curiosidad natural de una niña, Andrea preguntó a su mamá: "Mami, ¿por qué esas personas no tienen cabello?".

Mi esposa le respondió: "Mi amor, lo que sucede es que eso es parte de los efectos secundarios del tratamiento que están tomando esas personas". Entonces Andrea dijo: "¡No me digas que mi papá está en un hospital de cáncer, porque mi papá no tiene eso!". Mi esposa quedó sin palabras, entonces mi hija le dijo: "No te preocupes, mami, vamos a orar. Ya verás que, al final, a mi papá le van a decir que no tiene nada de eso". Entonces mi hija tomó la mano de su mamá y ambas comenzaron a orar. Luego, cuando mi esposa me contó lo sucedido, no pude evitar emocionarme. La importancia de haber inculcado en mi hija lo que significa la oración, sirvió de ayuda para ella en ese momento. Pasó aproximadamente una semana, y llegó el día de la cita para la biopsia. Yo estaba un poco tenso, debido a que algunas personas me habían comentado acerca del tamaño de la aguja que me iban a introducir por la ingle. Obviamente, pregunté si el procedimiento sería con sedación, a lo que me dijeron que sí. Lo que no me dijeron fue acerca de una bebida que tenía que tomar, previo al procedimiento, que según ellos sabía a piña colada.

Cuando llegué al lugar, en ayunas desde la noche anterior, me entregaron un envase bastante grande que contenía el famoso líquido, con alegado sabor a piña colada. Cuando tomé el primer sorbo y degusté aquello, a lo menos que sabía era a piña, y menos colada. La enfermera vio mi reacción y me dijo: "Tómeselo rapidito, que tiene que tomarse dos frascos más". Lamentablemente no había opción, y tuve que tomarme las garrafas.

Al rato me llamaron para hacerme el estudio. Gracias a Dios que me iban a poner anestesia, porque cuando logré ver la aguja que me introducirían, del susto me dormí. Al ver la longitud de la aguja, lo que vino a mi mente fue la yarda que usaba Mr. Arriaga, el profesor de geometría, en mis años de estudiante de escuela secundaria.

Casualmente estaba en el hospital un especialista italiano, experto en el área, y le pidieron que también analizara la muestra extraída y que compartiera su opinión. Pasaron varias semanas y, entonces, tuve mi cita para que me dijeran el resultado de la biopsia. La doctora pidió que fuera con mi esposa y mi hija. Durante el camino íbamos con una mezcla de sentimientos.

Llegamos y nos dirigimos a la oficina de la Dra. Melisa Alsina. Y llegó el tan esperado momento.

La doctora entró a la oficina con los resultados en mano. Entonces, dijo: "Como sospechaba, afortunadamente no tienes leucemia". Mi niña interrumpió y dijo: "Yo lo dije, que mi papá no tenía eso". La doctora continuó y dijo: "Lo que tienes es una condición del hígado". Entonces, ingenuamente dije: "¿Y qué es peor?". La doctora respondió: "Tranquilo, eso se resuelve con un trasplante". Agradecí a la doctora toda la ayuda que me brindó e iniciamos el regreso a nuestra casa.

Durante el camino íbamos dando gracias a Dios, y mi niña recordándonos que ella siempre confió y estaba segura de que su papi no tenía nada relacionado con el cáncer.

Con tan solo once años, su inquebrantable fe la sostuvo de tal manera que se mantuvo tranquila, confiada y firme.

Pasa de todo... pero todo pasa.

(excepto la fe)

ESCENA 13

Sin salud, sin ingreso, sin cuidado médico

Ahora, el plan cambiaría: a buscar un especialista en hígado para dar seguimiento a mi condición. La condición avanzó rápidamente y mi cuerpo comenzó a retener líquidos. En mis piernas aparecieron múltiples bolsas de agua, que luego explotaron y se convirtieron en úlceras. Casi todas mis piernas estaban cubiertas de unas molestosas úlceras. Fui al doctor y me refirieron a un centro de úlceras.

El tratamiento consistía en debridar la piel para remover las mismas. Era un proceso muy doloroso, el cual consistía en remover la piel con un bisturí, sin ningún tipo de anestesia.

Cada vez que el doctor hacía una cortadura, yo me sostenía de las orillas de la camilla para tratar de calmar el dolor. Inevitablemente las lágrimas salían, y yo solo me consolaba pensando: "Más dolor pasó Jesucristo en la cruz del Calvario". Al finalizar cada visita, me vendaban ambas piernas y regresaba a la escuela a continuar mi trabajo como maestro. Este procedimiento me lo realizaban una vez a la semana.

Había días que tenía que ausentarme del trabajo debido al dolor que sentía en las piernas.

Esto afectó notablemente mi trabajo. Al finalizar el año escolar, el director de la escuela donde trabajaba me llamó a la oficina y me informó que no me renovaría mi contrato para el nuevo año escolar. En adición, redactó una carta en la cual señaló que no cumplí con la misión y la visión de la escuela, lo cual automáticamente me cerraba la posibilidad de ser contratado en cualquier otra escuela.

Cuestioné por qué tomó esa decisión, cuando todas mis evaluaciones, por parte suya, habían sido excelentes. Él respondió diciendo que no le gustaba mi estilo de enseñanza.

Nunca entendí el porqué de su respuesta. Al finalizar el semestre, recuerdo que tuvimos una reunión con todos los maestros, y él dijo que en el próximo año yo no iba a formar parte de la facultad debido a que yo había decidido irme a explorar otra oportunidad de empleo.

Al escucharlo, muchos de los maestros tornaron su mirada hacia mí, como preguntando por qué me iba. Preferí mantenerme en silencio, pero les confieso que me dio mucho coraje y tristeza ante tal injusticia ante el peor momento. Decisión injustificada, inmerecida, e inmisericorde. Dios y el tiempo pusieron muchas cosas en su lugar, pero en aquel momento mi familia y yo sufrimos consecuencias graves. Traté de buscar ayuda en el sindicato de maestros, pero no logré tener éxito. Por consiguiente, al perder mi trabajo también perdí el beneficio del seguro médico, justo cuando mi condición de salud estaba en su peor momento. Cada día la condición empeoraba y no podía continuar dando el seguimiento necesario.

Me enteré que en el Tampa General Hospital había un programa de trasplante, y llamé para pedir información. Al no tener cobertura de seguro médico, pregunté cuánto sería el costo por una cita, pero sin seguro. Me respondieron que costaría alrededor de seiscientos dólares por la primera visita. Obviamente, desistí de la idea y estuve sin ir al médico por mucho tiempo.

En el lugar donde vivíamos, el costo de alquiler subiría considerablemente para el próximo año, por lo cual decidimos no renovar contrato. Estando en la sala de nuestro apartamento, nos vino a la mente la pastora que nos casó y su esposo. Le pregunté a Lesbia: "¿Qué será de la vida de Leslie y Robert?". Me comuniqué con mi amigo José Lugo, le pregunté si sabía el correo electrónico de ellos y me lo facilitó. Les escribí y compartimos nuestros números de teléfono.

Inmediatamente nos comunicamos y me dijeron que ellos iban a abrir una iglesia en un lugar de la Florida llamado Poinciana, y me preguntaron si sabía dónde estaba ubicado. Me quedé mudo, porque casualmente nos mudaríamos para Poinciana tan pronto venciera el contrato de alquiler. Ambos quedamos muy sorprendidos, y nos invitaron a que formáramos parte de la fundación de la nueva iglesia.

Fue así como luego de estar buscando una iglesia hispana, por espacio de un año, finalmente conseguimos una, y mejor aún, con nuestros hermanos como pastores.

Pasa de todo... pero todo pasa.

Segunda mudanza

Nos mudamos para una ciudad llamada Poinciana, donde conseguimos una casa a buen precio de alquiler. La propiedad era administrada por una nueva amiga para nosotros, Jeannie González, otro ángel que Dios puso en nuestra vida, quien junto a su esposo Tommy y su hija Jeannellie, se convirtieron en familia. Esta casa estaba ubicada muy cerca del lugar donde mis nuevos pastores, Leslie y Roberto, tendrían su iglesia. Fuimos miembros fundadores de la nueva iglesia Nación Santa, una hermosa congregación, que nos acogió como familia.

Cerca de esa propiedad también había otra iglesia que tenía un colegio, y gracias a una compañera de trabajo de mi esposa, conseguí una entrevista de empleo. Recuerdo que el día de la entrevista, el pastor me recibió con mucho cariño. En la entrevista también estaba la encargada del colegio. Delante de ella, el pastor dijo que a él le encantaría tener un director como yo en su colegio, porque el pastor tenía conocimiento de mi preparación en estudios de posgrado como administrador y supervisor escolar. Cuando la encargada del colegio escuchó lo que el pastor verbalizó, su rostro se transformó y pude, obviamente, notar su desagrado. Fui seleccionado para el trabajo y aproveché y matriculé a mi hija en el colegio. A partir de ese momento, el trato hacia mí, por parte de la directora, fue un tanto diferente. Comenzó una solapada persecución, y aprovechaba cualquier excusa para llamarme la atención. Yo no entendía por qué. Obviamente, a raíz del comentario del pastor en la entrevista, se sentía amenazada.

Nunca me interesó el puesto de director. Simplemente lo que me interesaba era ganar un dinerito para cumplir con mis responsabilidades económicas. No podía entender cómo en el pueblo de Dios podía haber personas con actitudes y conductas tan inmaduras como esa. A pesar de eso, decidí continuar con mi trabajo, aun cuando la persecución continuaba.

En una ocasión mi situación de salud se complicó, y viajé a Puerto Rico a consultar con un exestudiante mío, quien ya era doctor. William Vega, uno de mis más queridos exestudiantes, quien se había convertido en un excelente nefrólogo, fue a verme a casa de mi mamá. Pude notar en su rostro una gran preocupación. Me comentó que, al yo contactarle vía telefónica, jamás imaginó que yo estuviera tan deteriorado físicamente. Me habló de un colega con quien estaba relacionado familiarmente, quien era especialista en hígado, a quien me referiría.

Es ahí donde tuve la bendición de conocer al doctor Iván Antúnez, quien me recibió en su oficina e inmediatamente me recluyó en el Centro Médico. Allí, junto a un excelente equipo de estudiantes que estaban haciendo la especialidad, me brindaron una atención de excelencia por espacio de aproximadamente un mes.

Me comuniqué con el pastor para informarle los pormenores acerca de mi salud, y me indicó que no me preocupara. Me dijo que continuaría recibiendo mi pago, no importaba el tiempo que estuviera recluido. Nunca olvidaré tan hermoso gesto de solidaridad y amor de parte de él. Gracias a la atención del doctor Antúnez, sus estudiantes, y el cuidado que me dio mi madre, pude restablecerme y regresar a mi trabajo en el colegio.

Un día, ya luego de haber regresado al colegio, al momento de la salida uno de los estudiantes burló la vigilancia, se escapó y se fue en un auto. Yo estaba en el área de despedir a los estudiantes para que regresaran a sus hogares, por lo cual obviamente no me di cuenta de la escapada del joven.

Al día siguiente, cuando me disponía a entrar al trabajo, la directora me dijo que no entrara porque estaba despedido del empleo. Me responsabilizó por lo ocurrido en la tarde anterior.

No era la primera vez que ella me hacía pasar una vergüenza como esa. Decidí no argumentar y le di las gracias por la oportunidad que me brindaron.

Días más tarde, tuve un diálogo con el pastor mientras caminábamos por la pista atlética donde acostumbraba a caminar en las mañanas. Le manifesté lo ocurrido y le agradecí la oportunidad.

Él me pidió que regresara, pero le dije que prefería dejarlo todo así. Así terminó la historia como maestro en el colegio cristiano, pero sin ningún tipo de rencor. Siempre veo toda situación como una de aprendizaje.

La mano de Dios siempre presente

Al poco tiempo, fui a una entrevista de trabajo para maestro de español en la escuela *Daniel Jenkins Academy*, en la ciudad de Haines City, la cual estaba ubicada a dos calles de la escuela donde estaba trabajando mi esposa. Fue una buena entrevista y estaba confiado en que me seleccionarían. Días más tarde, fui seleccionado para ser jurado en el tribunal. Cuando tienes que hacer acto de presencia, no puedes estar en contacto con nadie. Incluso no puedes usar el teléfono móvil. Afortunadamente se suspendió el juicio y nos enviaron de regreso a nuestras casas.

Cuando activé el teléfono, tenía varios mensajes de la escuela para informarme que había sido seleccionado para la posición. Me dio mucha alegría, y esa noche tenía reunión de la célula de mi iglesia. Al final, como testimonio, compartí la buena noticia por la cual llevábamos tiempo orando. Una vez más, la mano de Dios estuvo presente en nuestras vidas.

Mi esposa y yo trabajábamos a dos calles de distancia, usábamos solo un auto para transportarnos y matriculamos a nuestra hija en la escuela donde yo trabajaría. ¡Qué bendición! Los tres iríamos juntitos, cada mañana, hacia el mismo lugar. ¡Cuán grande es Dios! Entonces, mi hija pasó a ser una de mis nuevas estudiantes.

Al tener un empleo con el Departamento de Educación, pude nuevamente tener mi seguro médico. ¡Dios sabe todo!

Retención de líquidos

Meses más adelante, noté que mi abdomen comenzó a crecer, lo cual me hacía sentir incómodo, cansado y malhumorado. En una ocasión, mientras estaba dando clase, un estudiante me dijo: "Maestro, tiene el abdomen mojado". Mi cuerpo estaba reteniendo tanta agua, que ya me estaba saliendo por el abdomen y las piernas. En ocasiones, debido a las bolsas de agua en mis piernas, mis zapatos se llenaban de líquido, que provenía de las úlceras que tenía en las piernas.

Pedí a las directoras que, por favor, me cambiaran de salón, a uno que estuviera cerca del servicio sanitario, porque tenía que usarlo con frecuencia, a lo cual ellas accedieron. Comencé a sentirme muy agotado. Tenía que sostenerme de las paredes para poder caminar por la escuela. En una ocasión, las directoras me vieron muy agotado, sosteniéndome de las paredes para no caerme.

Me sugirieron que considerara quedarme en casa. Me garantizaron que yo mantendría mi posición por un año. Acepté la sugerencia y me fui a la casa. Mi esposa se encargó de llevar a nuestra hija a la escuela, ya que ella viajaba conmigo todos los días, porque estudiaba en la escuela donde yo trabajaba. Como lo mencioné, era una de mis estudiantes.

Mi salud comenzó a deteriorarse. Continué reteniendo líquido. Mi abdomen recrecía a tal punto, que comencé a tener problemas para respirar. Esto provocó que me llevaran a la sala de emergencias del hospital Celebration, donde tuve que ser recluido inmediatamente.

Esa noche mi esposa y mi niña pasaron la noche conmigo. No fue una noche fácil para ninguno.

Al día siguiente le pedí a mi esposa que se fuera a nuestra casa y que descansara. Los doctores decidieron realizarme una paracentesis, que es un procedimiento a través del cual extraen todo el líquido acumulado en el área del abdomen. Me sacaron 15.5 litros de líquido. Esa cantidad de fluido era la que me provocaba la dificultad para respirar. Al pesarme al otro día, la báscula marcó 42 libras menos. Le dije a las enfermeras: "Esto es mejor que hacer dieta".

A la semana, al volver a acumular líquido, tenía que regresar para hacer nuevamente el procedimiento, y luego me enviaban a mi casa. Tenía restringida la ingesta de líquidos a una cantidad de 1.5 litros por día. Yo, que soy amante del agua, tuve que acostumbrarme a limitar el consumo de todo lo que tomaba. Entonces, te conviertes en un técnico de laboratorio, porque tienes que medir todo lo que tomas y todo lo que orinas; bueno, eres casi un asistente de laboratorio. Ese procedimiento me brindaba alivio, pero me causaba cansancio.

Me dieron de alta. Estábamos en plena temporada navideña. Imagínense cuánto sufrí al no poder disfrutar de la comida y las bebidas tradicionales de esta festividad. El día 31 de diciembre, mi esposa tuvo que volver a llevarme al hospital debido a que no me sentía muy bien, y nuevamente me recluyeron.

Pasa de todo… pero todo pasa.

Despedida de año muy diferente

Despedir el año en familia es una tradición que siempre celebrábamos. Comprábamos ropa nueva para recibir el nuevo año, preparábamos una deliciosa cena, comprábamos pitos, serpentinas y sombreros. Escuchar música de nuestra tierra, recibir visitas de familiares y amigos, y hacer las resoluciones para el nuevo año, es parte de esta gran celebración.

Esa noche del 31 de diciembre del 2009, los preparativos para la celebración tuvieron que ser interrumpidos porque tuve que visitar, por segunda vez en el mes, la sala de emergencias de *Celebration Hospital*; y no precisamente para celebrar, sino para recibir atención médica, porque nuevamente estaba corto de respiración a causa de la retención de líquidos en el área abdominal. Llegamos al hospital lo más rápido que pudimos. Buscaron una silla de ruedas y me sentaron.

Raudos y veloces, me llevaron al vestíbulo y comenzó el interrogatorio, el cual pretendían que contestara clara y rápidamente, sin considerar que tenía una barriga inflada, cual mujer embarazada de quíntuples. Preguntaban: "Nombre, dirección, número de teléfono, edad, fecha de nacimiento...". Lo que faltó fue que me tomaran las medidas para ir preseleccionando el ataúd.

Tan pronto me tomaron los signos vitales, me ubicaron en una cabina para comenzar a realizar los estudios de laboratorio de rigor, los cuales son una tortura china para pacientes como yo, a los cuales se les dificulta encontrar las venas. Si se toma en consideración el estrés que causa estar en una sala de emergencias, sumado a que estás corto de respiración y, en adición, acostado en una camilla, boca arriba, no necesariamente diseñada para un cuerpo escultural y delicado como el mío (por, de alguna manera, describirlo), resulta un poco dificultoso. Me sentía como el muñeco-paciente del juego de mesa *Operation*.

La enfermera, en su afán de conseguir una buena vena, te golpea, te soba, te amarra con una goma, la cual ajusta como si nunca tuviera que volver a sacarla. Cuando finalmente cree haber conseguido la vena, va a lavarse las manos. Se seca las manos, se pone los guantes, te pasa una toallita con alcohol que parece sacada del congelador... y procede a meter la aguja.

Uno acá, orando, pidiéndole a Dios que logre encontrar la dichosa vena. Al no encontrarla, continúa metiendo y sacando la aguja. Cuando se da por vencida, decide llamar a la supervisora, y esta, quien parece que ve la vena desde la puerta, finalmente la consigue.

Yo me pregunto: ¿por qué no llaman a la supervisora desde el principiooooooo? Cuando reciben los resultados de los estudios, viene el doctor y toma la decisión de recluirme.

Ya iba a caer la tarde y le dije a mi esposa y a mi niña que se fueran a la casa. Me sentía muy débil. Lo que el cuerpo me pedía era descanso. Luego me trasladaron a la habitación que, dicho sea de paso, era muy acogedora, con todas las comodidades, con lo último en la tecnología y con una vista espectacular.

En una noche como esa, acostumbras hacer el conteo regresivo y esperar a que sea medianoche para abrazar a tus seres queridos o hacer esa llamada telefónica a tu islita. Deseas escuchar la dulce voz de tu mamá, y el tan esperado: ¡Dios te bendiga, mijo! (con deseos de abrazarla, y con la voz quebrada y entrecortada, lo que sale de tu boca es un: "bendición, mami"). El hablar y poder escuchar a tus hermanos y desearles lo mejor, es lo más bonito de las fiestas de fin de año.

Esa noche me acerqué a la ventana, y desde la soledad de la habitación pude ver los espectaculares fuegos artificiales de los parques temáticos de Disney. Inevitablemente, se me escaparon las lágrimas. Aún las recuerdo, y me parece sentirlas bajar por mis mejillas, cual clásica escena de telenovela mexicana. Al mismo tiempo, en otra escena, mis amigos Edna y Juan se enteraron de que mi esposa y mi hija pasarían la noche solas, así que fueron a buscarlas para que despidieran el año junto a ellos.

Allí estaban mi esposa y mi hija, en un solidario lagrimeo, preocupadas por mi estado de salud y tristes por ser la primera vez que despedían el año sin mí; y, peor aún, lejos de nuestra isla.

Momentos como este son los que propician una intimidad con Dios. En la soledad de mi habitación, yo le decía a Dios: "Señor, yo sé que no estoy solo, porque siento tu presencia aquí. Sé que estás conmigo en todo momento, y confío plenamente en que me bendecirás con un milagro, mi Dios". Mis conversaciones con Dios eran a diario, y a cada momento. Eran noches de desvelo, pensando en... tantas cosas. A mi mente llegaban muchas interrogantes.

Si muero, ¿qué pasará con mi esposa y mi hija en este país, donde prácticamente estamos recién llegados? ¿Cuánto afectará esta situación a mi hija? Como estas, surgían miles de interrogantes. Pero mi confianza estaba puesta en mi Padre, y estaba seguro de que todo esto pasaría. Porque...

Pasa de todo... pero todo pasa.

ESCENA 16

¡Por poco me muero!

La estadía que comenzó el 31 de diciembre del 2009 se prolongó. Comencé el nuevo año y me hicieron transfusiones de plaquetas, como cada vez que me recluían por retener líquido, para poder hacer el procedimiento para extraerlo. Poco antes de comenzar con la transfusión, recibí la sorpresa de la visita de mis amigos Yvette Díaz, Carlos Muñoz y Ginette González, una amiga de ambos. Como ellos sabían que me fascinan las fresas, me llevaron una caja llena de estas.

Me dio una inmensa alegría al verlos; a ellos y a las fresas. Conversamos y nos reímos muchísimo. Entonces, entró a la habitación una enfermera puertorriqueña y dijo: "Ya mismo vengo a ponerle las plaquetas al arcarrrde", haciendo alusión a uno de los personajes que yo caracterizaba en la comedia de televisión, conocida como

El Kiosko, con Susa y Epifanio. Compartimos un buen rato y llegó el momento de despedirnos.

Mi esposa aprovechó para también irse, porque no me gustaba que fuera conduciendo cuando ya estaba cayendo la tarde. Como de costumbre, quedamos en comunicarnos ante cualquier eventualidad. Regresó la enfermera, esta vez con la bolsa de plaquetas que me habrían de trasfundir. Como dijo previamente, estaban esperando que las plaquetas se descongelaran.

Procedió a ponerme las mismas. Generalmente, la enfermera se queda en la habitación por espacio de unos minutos, por si ocurre algún tipo de reacción. Yo sentía como si por mis venas estuviese corriendo un té congelado.

No era la primera vez que recibía transfusión de plaquetas, pero siempre, no sé por qué, me daba un poco de temor. Cuando había transcurrido aproximadamente una hora, comencé a sentirme mal. Estaba teniendo dificultad para respirar y sentía que la tráquea se estaba cerrando. Desesperado, comencé a presionar el botón de emergencia.

A través de la bocina, se escuchó a alguien preguntando qué me sucedía. Yo casi no podía hablar, entonces decidí tratar de gritar. De repente, la habitación se llenó de personal del hospital. Enfermeros, terapistas respiratorios, doctores, en fin, un equipo de emergencia. Norteamericanos, filipinos, pakistaníes y ningún hispano. En mi desesperación, y tratando de comunicarme, dije: "Spanish, please!"

En ese momento, escuché a alguien preguntar si me habían administrado una inyección de antihistamínico, a lo cual respondí, con un dedo, haciendo la señal de que no lo habían hecho. Me inyectaron el medicamento. En realidad, previamente, nunca había sido necesario.

Mientras todo eso sucedía, por mi mente comenzaron a pasar recuerdos y escenas de episodios de toda mi vida.

Pensé: "Dios mío, me estoy muriendo". Entonces, clamé: "Padre, te suplico, por favor, que no permitas que muera. Me falta mucho por hacer. Quiero ver crecer a mi hija, verla graduarse, casarse y disfrutar de sus hijos. Dame esa oportunidad".

Me pusieron una máscara, la cual estaba conectada a una máquina que emitía una fuerte cantidad de aire; creo que era oxígeno. Se escuchó a alguien gritar: ICU, ICU. Luego me enteré que ICU significaba Unidad de Cuidados Intensivos, y lo último que recuerdo fue que me llevaron a toda prisa en la camilla.

Una visita emotiva que no esperaba

Cuando logré abrir los ojos, vi un hermoso rostro junto a mí. Pregunté: ¿Es usted una enfermera o un ángel? Ella sonrió y respondió: "Soy su enfermera. Estaré con usted el tiempo que sea necesario. Usted está en la Unidad de Cuidados Intensivos. Anoche usted tuvo una reacción alérgica a la transfusión de plaquetas. En ese momento le di gracias al Señor por permitirme continuar viviendo.

A la mañana siguiente, conectado a varios cables por todo mi cuerpo, traté de enviar un mensaje de texto a mi esposa para contarle lo sucedido. Mi teléfono celular era de los que, para escribir cada palabra, había que hacerlo letra por letra. Imaginen cuán difícil fue escribir el mensaje, por lo que decidí escribir un mensaje corto. Escribí (pulsando letra por letra) el siguiente mensaje: "Anoche, por poco las enlío". En la jerga puertorriqueña significa: "Anoche, por poco me muero".

Mi esposa, al leerlo, se puso muy nerviosa y me llamó asustadísima. Me dijo que mi madre la llamó para preguntarle si sabía algo acerca de mí, porque la noche anterior había estado llamándome varias veces y yo no le respondía. Entonces, mi esposa recibió una llamada de su amiga, Judith Pérez, preguntándole acerca de mi salud. Lesbia le contó lo sucedido y ella le respondió: "Voy hacia el hospital. Nos vemos allá". Al rato, llegó Judith al hospital y luego llegó Lesbia.

Lesbia me dijo: "Nene, por poco me matas con ese mensaje de texto que me enviaste. Yo estaba en una llamada con tu mamá, y no me atreví contarle lo que estaba pasando, pero ella como que lo imaginaba". Así es el instinto maternal.

Antes de que Judith llegara, hice una llamada telefónica a mi hermano, Jimmy. Le conté lo sucedido y le dije que tenía deseos de ver a mi mamá. Mi mama vivía en Puerto Rico y era claustrofóbica. En adición, cuando me mudé a la Florida, ella me dijo clara y marcadamente: "No creas que si te mudas iré a visitarte, porque a mí no se me ha perdido nada allá".

Conversé con mi hermano la importancia de dar tiempo de calidad a la familia y que debíamos disfrutar cada instante de la vida como si fuera el último. Desconocía que en la otra línea él estaba hablando con mi hermana y mi mamá para comprarles los boletos de avión y que vinieran a verme al hospital, ya que mi estado de gravedad así lo ameritaba.

Luego de dos o tres días de nuestra conversación, sorpresivamente vi entrar a mi amada madre a la habitación de cuidados intensivos donde me encontraba. Al verla, le pregunté: "Pero ¿qué tú haces aquí? Si tú dijiste que tú no ibas a venir para acá porque tú le tenías miedo a los aviones y que además no se te había perdido nada acá". A lo cual ella respondió, con la seguridad y la firmeza que solo una madre puede tener: "¿Qué no hace una madre por un hijo?".

Al escuchar unas expresiones tan contundentes, y con una fortaleza tan característica de una mujer fuerte como ella, mis lágrimas comenzaron a salir sin control alguno. Al verme tan descontrolado, inmediatamente me dijo: "No, no, no, no. Yo no vine aquí para verte llorar. Yo vine aquí para cuidarte y estar contigo. Yo estoy, y estaré aquí, hasta que tú estés bien".

Solo el amor de una madre puede brindar la fortaleza necesaria para no desfallecer, al ver a un hijo en el estado de deterioro en el cual me encontraba. Mi abdomen y piernas estaban inflamados, mi piel era de color ceniza y estaba conectado a varias máquinas que me monitoreaban. La emoción no me permitió darme cuenta de que mi amada hermana Zayda había venido con ella. Mi amada Zayda estaba tratando de disimular su impresión, al verme, pero no pudo contener el llanto.

Al otro día llegó Ercilia, mi hermana menor, y dije: "Parece que me estoy muriendo, porque cuando de repente aparece la familia a un hospital, es porque uno tiene los días contados". Sin embargo, milagrosamente, el conteo de plaquetas subió considerablemente.

Uno de mis médicos me dijo: "Es el efecto ocasionado por la llegada de su mamá; nada como el amor de una madre".

El horario y el tiempo de visitas en el área de cuidados intensivos es limitado, así que llegó el momento de despedirnos. ¡Agradecí tanto a Dios y a mi hermano Jimmy por permitirme vivir esos momentos de alegría, y por estar tan cerca de mi madre y mis hermanas! Mi hermano Jorge, mi negrito, no pudo llegar por razones de trabajo. Esa noche fui muy feliz.

¿Trasplante de hígado? ¡Déjame pensarlo!

De acuerdo con mi cuadro clínico, todo parecía indicar que mi estadía en el "hotel" (así solía llamarlo en broma) sería más prolongada que las veces anteriores. Comenzaron a desfilar por mi habitación, cual modelos de pasarela de Versace, enfermeros, técnicos de terapia respiratoria y todo tipo de especialistas: internistas, hematólogos, endocrinólogos, hepatólogos, infectólogos... en fin, cuanto "ólogo" habido y por haber estaban allí.

El internista poco simpático que me atendía, nunca venía con buenas noticias, en adición a que siempre venía apresurado. Como muchos que llegan, no están ni cinco minutos y luego facturan como si hubieran estado el día entero con uno. A uno, como paciente, le gusta que el médico le brinde la atención y el tiempo necesario para poder hacer preguntas y aclarar dudas. Es obvio que hay más pacientes, pero todos merecemos y esperamos una atención de calidad, aunque sea en un tiempo bien manejado.

En una ocasión, el internista tuvo el fin de semana libre y el doctor que lo sustituyó, el Dr. Mario Moquete, me dedicó tiempo y dialogamos un buen rato. Fue él quien por primera vez me habló de la alternativa del trasplante de hígado. Me explicó en detalle todo lo relacionado, y me dijo que tenía un colega, el Dr. Nikolaos Pyrsopolous, que se especializaba en trasplantes y que estaba en el hospital de *downtown* Orlando, a una hora y media de donde yo estaba. Me dijo que con mucho gusto podía referirme.

De repente era demasiada información y no supe qué decir. Le dije que me diera tiempo para pensarlo. El Dr. Mario Moquete fue uno de los primeros ángeles que el Señor puso en mi camino.

Esa noche tampoco dormí. Cuando mi esposa y mi familia vinieron al otro día, les comenté acerca de la alternativa que me habían presentado. Todos estuvieron de acuerdo en que me diera la oportunidad. Yo continuaba pensando y con dudas, mientras mi estado de deterioro avanzaba.

Entonces, llegó a mi habitación otro ángel enviado por Dios: el Dr. David Robinson, hematólogo, un ser humano lleno de paz. Me preguntó acerca de si había pensado en la alternativa de un trasplante. La paz que trasmitía me dio la confianza de poder hablar con toda transparencia.

Le comenté que había desistido de considerar lo del trasplante, porque no podía entender cómo mi felicidad sería a causa de la tristeza de otros. Solo pensaba en el dolor de esa familia al perder un ser querido.

Él comenzó a explicarme que yo no debía verlo desde esa perspectiva. Recuerdo que, en cada oración utilizada en su explicación, estaba presente el verbo "confiar". Me dijo: "No puedes verlo desde esa perspectiva. Debes verlo como que esa familia, ante dicha pérdida, decidió bendecirte con uno de los órganos de su ser querido; confía. Piensa que la alegría de esa familia será saber que salvó tu vida, y que parte de su ser querido estará vivo dentro de ti".

Me dio como ejemplo a su sobrino, quien a su corta edad recibió un trasplante de hígado, y luego su salud mejoró tanto que pudo continuar teniendo una vida saludable y logró alcanzar sus metas. El Dr. Robinson continuó usando el verbo "confiar" hasta finalizar su consejo.

Se retiró con una sonrisa a flor de labios y diciéndome: "Dios te bendiga y... confía". Enmudecí por varios minutos, y les confieso que me puso a pensar.

Días más tarde, mi condición empeoraba, y volvió a aparecer el internista poco amigable, esta vez para decirme, sin ningún tipo de delicadeza: "Ya yo no puedo hacer nada más por usted".

Sentí como si me hubieran echado un balde de agua fría por encima. Una situación muy difícil para mí. Respiré profundamente y le dije: "No se preocupe; yo sé muy bien quién puede hacerlo". Obviamente refiriéndome al Rey de Reyes y Señor de Señores. Él como que no logró entender mi respuesta y se marchó.

Pasaron varios días. Las palabras del Dr. Robinson se hacían cada vez más presentes y lógicas.

Pedí que llamaran al Dr. Mario Moquete. Cuando finalmente lograron localizarlo, vino a mi habitación y le dije que me había decidido por la alternativa del trasplante. Él, muy gentilmente, inició los trámites, los cuales fueron aceptados, y luego de un mes de larga estadía en el "hotel", me trasladaron al hospital donde estaba el centro de trasplantes. Cuando Dios envía ángeles, debemos saber escucharlos y ser obedientes.

Pasa de todo… pero todo pasa.

Hacia el trasplante de hígado

En una de mis tantas visitas al hospital por la situación de la acumulación de líquido en el área abdominal, luego de extraerlo y dejarme en observación un par de días, los médicos especialistas del hígado me dieron de alta. Yo estaba muy contento de volver a mi casa, así que publiqué en Facebook que estaría de regreso.

Cuando ya me habían quitado todos los cables de la "transmisión", como decía yo en son de broma, mi pastor, en ese entonces Luis R. Quiñones, estaba por llegar para llevarme a casa. Entonces apareció un doctor al cual nunca había visto. Me vio ya cambiado de ropa, es decir, sin la bata esa que te ponen en el hospital, la cual solo cubre la parte del frente y el "baúl" se queda al descubierto. Este médico me pregunta, con actitud no muy agradable: "¿Para dónde va usted?". A lo cual respondí: "Para mi casa. ¿Quién es usted?".

Me respondió: "Yo soy socio de su médico del pulmón, y aunque sus médicos del hígado le hayan dado de alta, **¡yo digo que usted se tiene que quedar porque tiene agua en el pulmón izquierdo!**"

Ordenó una transfusión de plaquetas, y al día siguiente que se me hiciera un procedimiento para extraerme el agua del pulmón. Y se fue de lo más campante luego de darme ese bateo, con su inglés con acento hindú. Me dio un coraje-rabia que ni les cuento.

Luego de conducir casi una hora, llegó el pastor a buscarme; y yo, con este bochorno, me excusé con él, y este me dijo: "Muchacho, no te preocupes. Los médicos saben lo que hacen; ya estás aquí; deja que te hagan el estudio y al otro día te vas para tu casa". Esa noche fue una llena de ansiedad; no podía dormir. Las enfermeras entraban al cuarto y me decían: "Oiga, ¿usted no duerme?". Desde la habitación veía cada vez que aterrizaba el helicóptero de emergencias, y pensaba: "Ahí viene el hígado para mí". Cuando lo veía irse, decía: "Se fue, ese no era".

Decidí orar, y le dije a Dios las siguientes palabras: "Señor, que se haga Tu voluntad".

Al día siguiente, 15 de mayo del 2010, amanecí con un hambre terrible. Me despertó el aroma de las bandejas de desayuno que pasaban por el pasillo. Cuando me disponía a hacer la orden del mío, miré hacia la puerta y pude ver un letrero bastante grande que decía: NPO (*Nothing by mouth*), es decir, **nada por boca**.

Recordé que a las 8:00 a.m. me iban a hacer el dichoso estudio para sacarme el agua que se antojó alojarse en el pulmón izquierdo. Un diabético con hambre es peor que Rambo con la metralleta en la mano. Pasaron las 8:00, las 9:00, las 10:00, las 11:00, 11:30, y yo "esmayao" (hambriento). Llamé a las enfermeras y les pregunté qué sucedía que no venían a buscarme para hacerme el estudio; ¡que yo estaba esmayaooooooooo! Me respondieron que no me desesperara, que luego del estudio podría comer.

¡Qué delicia es ver los milagros de Dios!

En esa área del hospital no había señal para hacer ni recibir llamadas por celular. De repente, como a eso del mediodía, mi celular sonó, hasta me asusté. El timbre del teléfono tenía el merengue de "Kulikitaka". Lo contesté. Escuché una agradable voz femenina hablando en español. La conversación fue algo así:

Yo - ¡Hola!

Ella - ¿Carlos Merced?

Yo – Sí.

Ella - Te habla Awilda Rodríguez, del Centro de Trasplante de Florida Hospital para informarte que ya apareció un hígado para ti. Tu operación será esta noche. ¡Felicidades!

Yo - (atónito) Oye, no bromees con eso. ¡Esto es un hospital americano y tú me estás hablando en español!

Awilda - No, no es broma. Es más, ¡estoy muy contenta de ser yo quien te da esta noticia, porque soy puertorriqueña y estudié con tu esposa en la escuela superior, en Puerto Rico, en el pueblo de Quebradillas.

Mientras, la gente oraba por mí en mi bella isla, acá y acullá. Esa noche hubo un temblor, y yo, bromeando, dije: "Es que hay tantos orando por mí, que hasta la Tierra tembló". Mi mamá y mi esposa estaban en casa de mis pastores, en una reunión de damas. Me comuniqué con mi esposa para darle la buena nueva. Ella se emocionó muchísimo. Le dije que se lo informara a mi madre, pero estaba tan nerviosa que no podía ni hablar. Le pedí que me comunicara con ella, y así lo hizo.

Tan pronto la escuché, le dije: "Mami, Dios escuchó nuestras oraciones. Ya apareció un hígado para mí". Comenzó a gritar y a dar gracias a Dios. Decía, entre llanto: "Gracias, Dios, por escucharme y por concedernos el milagro, como te lo pedí". En el trasfondo se escuchaban los gritos, llantos y alabanzas de agradecimiento de todas las mujeres de la iglesia. Fue un momento muy hermoso.

Entonces, toda la logística cambió. Varios enfermeros llegaron a mi habitación a felicitarme y para comenzar a prepararme. La atmósfera se tornó a una de alegría. Al rato, mi esposa y mi madre llegaron al hospital junto a varios hermanos de la iglesia. Mientras orábamos, llegó a la habitación el Dr. Thomas Chin, de origen oriental. Un ser humano que irradiaba paz y confianza. Vino con el propósito de presentarse y discutir los detalles de la cirugía. Lesbia, en medio de la emoción, confusión y nerviosismo, se acercó a mí y me dijo, ingenuamente: "Carlos, te salvaste; los chinos son inteligentes". Ese comentario me causó mucha risa.

El Dr. Chin comenzó a explicar los detalles de la cirugía. Al finalizar, me dijo que le hiciera alguna pregunta, y le pedí detalles de la operación. Tan pronto comenzó con los detalles, le dije: "OK, OK, OK, es suficiente". El Dr. Chin dijo que confiaba en que todo saldría bien. Lesbia le dijo: "Usted será un instrumento en las manos del Señor". El Dr. Chin, humildemente, bajó su rostro y se marchó.

"Papi, no lloro de tristeza, sino de agradecimiento"

Comenzaron con los últimos detalles y llegó el momento de irnos hacia la sala de operaciones. Mi esposa y mi mamá me acompañaron. Antes de entrar a la sala, conocí al anestesiólogo y me explicó el procedimiento. Carlos, el enfermero de sala de operaciones, le explicó a mi esposa dónde estaba ubicada la sala de espera. Allí había un teléfono a través del cual se comunicaría con ella periódicamente para darle detalles de la cirugía.

Entonces, llegó el momento de despedirme de mi madre. Confieso que no fue fácil para mí. Ella, con una gran fortaleza, me dijo: "Nos vemos ahorita", y me dio un beso cargado de ternura. Lesbia, el amor de mi vida, trataba de disimular su tristeza y preocupación. Tomé su mano y le di las gracias por amarme y por todo su apoyo. Al verla tan ansiosa, quise hacerla reír y le dije: "Si me muero, no te cases". Dibujó una sonrisa en su hermoso rostro y me dijo: "zángano".

Antes de despedirme, le pedí llamar a mi amigo y pastor Alex D' Castro, a ver si lo conseguía, para pedirle que orara por mí. Tuve la bendición de conseguirle y le indiqué que estaba a punto de entrar a sala de operaciones y que me gustaría que hiciera una oración. Alex hizo una de las oraciones más hermosas que haya escuchado en mi vida. Entonces, me fui tranquilo y confiado.

Ya dentro de la sala de operaciones, honestamente, me sentí tranquilo, hasta el momento en el que te amarran. No sé para qué lo hacen, si ahí no hay escapatoria. Gracias a Dios que a pocos minutos del "amarramiento" te ponen el elixir de la felicidad, y cuando despiertas, ya todo ha terminado.

Mientras todo eso sucedía, en Puerto Rico, mi hermano y productor, Edwin Ocasio, tenía una puesta en escena, precisamente en mi amado pueblo de Caguas. Cuentan los que estuvieron allí que antes de comenzar la obra, Edwin salió al escenario y le informó al público que apareció un hígado para mí, y que acababan de ingresarme a sala de operaciones. Me cuentan que se escuchó una ovación que duró varios minutos.

En la sala de espera se encontraban mi amada Lesbia y doña Juanita, mi madre, quien —me cuentan— estuvo leyendo la

Biblia durante toda la noche. A mami y Lesbia, se unieron mis amadas amigas: Stella Torres, Iris Eduarda Gutiérrez e Ivette Cáez. Estos ángeles llegaron a dar apoyo. Desde esa noche las denominé como "Los ángeles de Charlie".

La operación duró nueve horas. El Dr. Chin dijo que fue una operación muy complicada. Perdí mucha sangre y tuvieron que hacer varias transfusiones. Mi hígado estaba muy deteriorado; estaba hecho casi agua. Comentó el Dr. Chin que mi cuerpo inmediatamente aceptó el nuevo hígado, y que mi piel dejó de tener un color amarillo verdoso y se tornó en un rosado saludable.

Cuando desperté, escuché a alguien llorando. Al observar, pude reconocer a mi hija Andrea; mi princesa. No me explico cómo burló la seguridad de la sala de cuidados intensivos y logró entrar. Le dije: "Mi amor, no llores; tu papi está aquí". Ella respondió: "Papi, no lloro de tristeza, lloro de agradecimiento; y si antes creía en el Señor, ahora creo más.

Gracias a la oración, al apoyo de muchas personas y a la misericordia de Dios, el gran milagro se dio; y hoy, con regocijo, agradecimiento y sin temor, proclamo a viva voz que ¡Dios es real!

Como dato interesante, nunca volví a ver al doctor especialista que apareció cuando mis médicos del hígado me dieron de alta, y no permitió que me fuera a casa. Las plaquetas que ordenó para el procedimiento de sacarme el agua de los pulmones fueron las que se usaron para el trasplante. ¿Acaso sería un ángel que Dios envió para evitar que me fuera a casa y me perdiera la bendición del trasplante al día siguiente?

No despido este capítulo sin hacerte notar esto: desde el día que me trasplantaron el hígado, alabo al Señor cada segundo por el gran milagro de recibir un hígado tan rápidamente, cuando en los Estados Unidos, los pacientes hacen turnos de años por un hígado, y a veces mueren sin haber podido ser trasplantados. ¡Gracias, Padre, por tu Amor y tu Fidelidad!

Pasa de todo... pero todo pasa.

ESCENA 18

Infecciones recurrentes

Luego de mi trasplante de hígado, visité varias veces el hospital debido a unas infecciones de orina que padecía, aproximadamente, cada seis meses. El dolor y la fiebre me obligaban a ir rápidamente a la sala de emergencias, preocupado, pensando que dichos síntomas estuvieran relacionados a algún tipo de rechazo al trasplante de hígado.

Mis doctores me recluían inmediatamente y comenzaban a hacer los estudios de rigor. Sufro muchísimo cada vez que van a sacar muestras de sangre porque mis venas son muy profundas, y si la enfermera que va a ejecutar tan horrible acto, no es muy diestra (y si a eso le sumamos el estado de ansiedad que me causa), pues la situación se torna peor. El proceso se dilata y la ansiedad aumenta debido al protocolo que realizan "las vampiras", como en forma de broma les llamo.

Cuando piensas que vas a descansar, dan las cinco de la mañana y te despierta otra linda enfermera o un elegante enfermero, para decirte que van a volver a sacarte sangre. Es como el cuento de nunca acabar.

Cuando ya amanece, y luego del desayuno, comienza a llegar la caravana de doctores: el primario, el infectólogo, el hepatólogo, el nefrólogo, en fin, todos los "ólogos"... y todos facturan como si la estadía fuera en el hotel más lujoso de Dubai.

Llegan a la conclusión de que tengo un problema renal, por lo tanto, me refieren a un nefrólogo. Yo estaba muy asustado, porque entre la conversación se mencionó varias veces que, en el peor de los escenarios, habría que someterme a un tratamiento de diálisis.

Inmediata e involuntariamente, vienen a mi mente – por más fe que uno tenga– pensamientos negativos, que lo que provocan es mayor ansiedad, desesperación y, por consiguiente, que la presión arterial aumente. Uno comete el error de hacer búsquedas en la internet y lamentablemente, al desconocer la terminología científica, malinterpreta todo.

Luego de varios días de tratamiento para bajar los niveles de creatinina, deciden darme de alta y me hacen el referido para visitar al nefrólogo, que es el especialista en enfermedades del riñón.

Llega el día de mi primera visita al nefrólogo. Tratando de localizar la oficina, llegué a la oficina equivocada. Me di cuenta de que no era la oficina a la cual tenía que ir, porque al entrar al vestíbulo había cerca de quince mujeres embarazadas. Al darme cuenta, me limité a dar los buenos días y a abandonar la oficina de inmediato.

Luego de dar más vueltas que un perro antes de acostarse, logré encontrar la oficina. Anoté mi nombre en la lista y esperé a que me llamaran. De repente, me llama una muchacha, muy amable, por cierto, y me dijo: "Ay, yo lo conozco, cuando era una niña solía verlo en las comedias en la televisión".

Me sentí muy honrado y —por qué negarlo— hasta viejo me sentí. Sí, porque es en momentos como ese que uno reconoce que ya no es el muchacho de veinte años que participaba en las comedias televisivas.

Esa conversación me ayudó a bajar un poco la tensión. Soy de los pacientes que padece del síndrome de la bata blanca. Este consiste en que, al momento de tomar la presión sanguínea, siempre sale elevada a causa del susto.

De repente, hace su entrada triunfal el Dr. Portocarrero. Un hombre amable, alegre y muy profesional. Le hice varias preguntas y le manifesté mis preocupaciones. Él, muy amablemente respondió a todas mis inquietudes y me dio palabras de aliento. Me indicó que no me preocupara, que la enfermedad renal requería de tratamiento y varios estudios. Añadió que, al momento, no contemplaba el tratamiento de diálisis para mí. Hizo recomendaciones acerca de cambios en la dieta, me recetó medicamentos para controlar la presión y me sugirió que mantuviera en control los niveles de glucosa. Y yo que fui tan asustado, salí motivado a comenzar un nuevo estilo de vida para evitar caer en el tratamiento de diálisis.

Diagnóstico de diálisis

Luego de mi primera visita al nefrólogo, todo marchó bien por varios meses. Lamentablemente, volví al hospital con otra infección en la orina.

Esta vez los niveles de creatinina estaban elevados y la función renal estaba muy baja. Entonces vino a verme un especialista del riñón que no era el mío. Este no era ni simpático ni amable; era rudo y fue directo al punto.

Me dijo, crudamente y sin anestesia, que mis riñones ya estaban muy afectados y que necesitaba comenzar, de inmediato, el tratamiento de diálisis. Me lo dijo y se fue. Yo quedé en silencio por varios minutos; las enfermeras que estaban en la habitación estaban asombradas al ver la manera en que el doctor me dio la noticia. No sabía qué decir, me dio coraje. Entonces, pregunté si podía cambiar de especialista. No quise volver a ver a ese individuo.

Entonces llegó a mi vida el Dr. Jorge Kourie, quien vino a aclarar todas mis dudas de una manera profesional, amable y en español. Porque no hay nada mejor que te hablen y expliquen los asuntos médicos en tu idioma.

La diálisis comenzó en el hospital. Ese primer día estuve aterrado. Me fueron a buscar a la habitación. Iba temblando del susto por algo totalmente desconocido. Llegué a un lugar donde había muchos minicuartos. Cada uno de ellos con una máquina y una camilla, donde me indicaron que tenía que permanecer por cuatro horas, casi sin moverme.

Es un proceso necesario para poder limpiar la sangre. Básicamente, un riñón artificial.

Llegó la enfermera y me puso dos agujas: una para desintoxicar la sangre y otra para devolverla limpia. Claro que me dolió. Si un pinchazo duele, imagínense dos.

Por mi mente solo pasaba la idea de que, a partir de ese momento, tendría que pasar por eso tres veces por semana, cuatro horas cada día, hasta que lograra conseguir un trasplante de riñón.

Esas primeras cuatro horas, fueron para mí como si hubieran sido cuatro años. Dormía, oraba; oraba y dormía. Entonces, cuando no puedes moverte, es cuando te da picor, te desesperas, quieres levantarte y no puedes. Te ofrecen la oportunidad de ver televisión, pero no te interesa ver nada.

Al cabo de las cuatro horas, la máquina comienza a sonar. Crees que te vas a levantar para irte, pero es ahí cuanto vienen a quitarte las agujas y luego te ponen unos vendajes, los cuales tienes que mantener presionados por espacio de varios minutos. Te toman la presión y la temperatura, y te llevan a una báscula para ver cuánto peso has perdido.

El resultado es lo que se conoce como el "peso seco", el cual utilizan como punto de comparación para ver, en el siguiente tratamiento, cuánto peso has ganado. De eso depende cuánto líquido te van a sacar en el próximo tratamiento. En adición, hay que seguir una dieta baja en potasio y fósforo. Las alternativas para comer son bien limitadas y no puedes ingerir más de 32 onzas de líquido por día. ¡Un hombre como yo, que tomaba tanta agua, imagínense! ¡Casi todo tiene agua, casi todo tiene potasio y casi todo tiene fósforo! ¡Es desesperante!

Luego de lograr que los niveles de creatinina bajaran un poco, me dijeron que me darían de alta.

Me visitó una manejadora de caso para ayudarme a encontrar un centro de diálisis, el cual tenía que visitar tres veces por semana. Mi vida dio un nuevo giro. Esta vez tenía que cambiar nuevamente mi dieta. Lo que podía comer antes de la diálisis, estaba ahora prohibido. Tengo que confesarles que me sentí confundido.

La nutricionista especializada en pacientes de diálisis, me orientó acerca de lo que podía comer, haciendo énfasis en que debía ser muy cuidadoso para mantener los niveles de potasio y fósforo. Imagínense, tenía que hacer dieta renal y dieta de diabético. Entonces, pregunté: "¿Y qué rayos voy a comer?".

Adaptarse a este nuevo estilo de vida no fue fácil. Principalmente cuando hay que explicarle a la familia y amistades que ya no puedes comer lo que antes comías.

Ahí es cuando todo el mundo se entusiasma y te invita a comer todas esas tentadoras delicias particulares de la gastronomía latina, especialmente la puertorriqueña. ¡Y ni hablar si es temporada navideña!

Decirle a un boricua que no puede comer ñame, malanga, yautía, calabaza, papa, panapén y todas esas deliciosas hortalizas farináceas, es casi como mandar a uno al calabozo.

No resulta fácil sentarse a la mesa a comer lechuga y pollo asado, mientras tienes al frente a gente comiendo arroz con habichuelas, chuletas, aguacate, mofongo con carne frita, plátanos maduros, flan y un vaso gigante de gaseosa o de tu bebida favorita, como por ejemplo el jugo de naranja.

Involuntariamente puede ocurrir que sientas deslizarse sobre tus mejillas unas inoportunas lágrimas que quieres evitar, pero no puedes, porque el olor a mofongo y carne frita jamás se compara al de unas simples hojas de lechuga, acompañadas de un desabrido pollo asado. Créanme, se siente lo mismo que cuando a un padre se le casa una hija y va a entregarla al altar de la iglesia. ¡No estoy exagerando! ¡Pónganse en mis zapatos!

Pero, por mantener la salud y la calidad de vida, uno termina acostumbrándose.

Llegada al centro de diálisis

Como es normal, llegar a un lugar nunca antes visitado siempre es motivo de interrogantes. "¿Cómo será eso ahí? ¿Me tratarán bien? ¿Me acostumbraré?".

Decidí entrar. Al llegar al vestíbulo vi personas de casi todas las edades, tanto anglosajones como hispanos. Di los buenos días, en ambos idiomas. Me acerqué a la recepcionista y le informé que era la primera vez que visitaba el lugar. Me senté a esperar ser llamado. De momento, uno de los pacientes me preguntó: "¿Acaso es usted el actor puertorriqueño?". A lo cual le contesté afirmativamente. Este joven, de quizá unos 30 años, me comentó que siempre veía las comedias en las cuales yo participé por muchos años en la televisión puertorriqueña.

Y yo qué pensaba que nadie me conocería... para mi sorpresa, me equivoqué. Pensé: "Ya al menos tengo un nuevo amigo con quien compartir".

Entonces apareció una joven, muy amable, por cierto, y se identificó como la trabajadora social del centro, quien aparentemente también conocía acerca de mi trayectoria artística. Me hizo varias preguntas y me entregó varios documentos para completarlos. Eran tantos que pensé que estaba firmando las escrituras de compra de una propiedad.

Los entregué y finalmente, me llamaron. Al entrar pude observar varias sillas reclinables con una máquina de diálisis a su lado, y al frente un televisor y varios técnicos y enfermeros. Casi todos hablaban español, lo cual hizo que me sintiera cómodo. Varios de ellos resultaron ser puertorriqueños y fanáticos de mis comedias. Eso en gran parte ayudó a perder un poco el miedo y a sentirme como en mi casa. No pasó mucho tiempo para ganar su confianza.

Muchas veces me pregunté por qué llegué allí, y hasta agradecí al Señor el permitirme llegar a ese lugar, donde pude experimentar todo tipo de emociones. Pude entender que parte del proceso por el cual estaba pasando requería llegar a ese lugar, no solo para recibir el tratamiento, sino que Dios me ubicó ahí porque en ese lugar había personas, tanto pacientes como empleados, que necesitaban ser escuchados.

Llegar a ese lugar me dio la oportunidad de ver y conocer la vida de tantas personas... Si por algún momento pasó por mi mente quejarme, pude notar que sería un malagradecido.

Pasé alegrías y también tristezas, al preguntar por compañeros, pacientes y luego enterarme que habían fallecido. El pasar esas cuatro horas, tres veces por semana, fue un entrenamiento para el propósito de Dios en mi vida. Desde joven, mi llamado a servir siempre ha estado bien claro. Siento una inmensa satisfacción al ayudar a los demás. Me autodenomino como especialista en dibujar sonrisas en rostros quebrantados. He vivido tantas experiencias enriquecedoras, con simplemente escuchar y dar aliento a quienes lo necesitan. Muchas veces ministrando a otros terminamos siendo ministrados. El centro de diálisis se convirtió en una extensión de mi familia.La atención de tan dedicados y comprometidos técnicos y enfermeros, hacían que uno se sintiera como en su casa.

Bromeábamos, compartíamos experiencias, y muchas veces hasta cantábamos y recordábamos canciones y éxitos de artistas puertorriqueños. Tanto latinos como anglosajones, disfrutábamos muchísimo. Ante el dolor físico de las agujas y el pasar las cuatro horas, pude entender el para qué Dios permitió que llegara allí.

Todo ese miedo y ansiedad ante lo desconocido, se tornó en la bendición de conocer y compartir con gente que aún en medio del dolor de la prueba, me enseñó a darle valor a la vida, y a continuar sonriendo y confiando en el amor y la misericordia de nuestro Señor.

¡Pasa de todo... pero todo pasa!

Trasplante de riñones

No es lo mismo esperar un trasplante que esperar un taxi o un autobús. En todos estos se sabe que en algún momento llegarán y nos llevarán al destino deseado. Cuando se trata de esperar por un trasplante, la espera es diferente. Una vez que has sido bendecido con un trasplante de órgano, la vida se torna distinta y la ves desde otra perspectiva. Valoras más hasta el sonido del viento o el canto de los pajaritos.

Es que dicha espera conlleva un sinnúmero de requisitos para poder colocarte en una lista de turnos. Todo esto, mientras estás tomando diálisis por espacio de cuatro horas, tres días a la semana, como lo fue en mi caso. Al tratamiento también se le añade un régimen alimentario sumamente estricto, el cual, obviamente, prohíbe que comas lo que te gusta.

Hay que conseguir una cantidad de dinero, la cual debe estar en una cuenta bancaria para garantizar que, al lograr ser trasplantado, puedas sufragar los gastos que conllevan los medicamentos. También debes tener el visto bueno de varios especialistas, quienes a través de varios estudios determinarían si eres o no recomendado. Una vez que logras estar colocado en la lista, comienza la otra parte de la espera. Pueden transcurrir días, meses o años, en los que aparece un donante que sea compatible.

Mi caso era aún más complicado, debido a que mi tipo de sangre es O positivo; un tipo de sangre muy difícil para conseguir donante, porque la lista para trasplante de riñón es la más larga, y si eres O positivo, es aún más dificultoso. También está la alternativa de conseguir un donante vivo.

Varias personas y algunos familiares, de muy buena fe, quisieron ser donantes, pero por varias razones no pudieron. Fueron muchas las personas que me apoyaron económicamente con sus donativos y también muchísimos me apoyaron con sus oraciones. Pasaban los días, los meses, el año... y no aparecía donante.

Un día se acercó un amigo y me dio la idea de filmar un video pidiendo un donante vivo, y me sugirió que lo compartiera en mis cuentas en las redes sociales. De inmediato me comuniqué con mi amigo y hermano, Wilfredo López, quien es especialista en el área de la fotografía y la videografía. Le conté la idea, e inmediatamente me dijo que contara con él. Llegó a mi casa con su equipo y su asistente, quien hoy día es su esposa.

Comenzamos a grabar un lindo video, donde aparecíamos mi hermosa nieta, Giulia, y yo compartiendo la información y solicitando un donante vivo. Una vez editado el video, lo compartí en mis redes sociales, y a su vez mis amigos y fans, en un acto de solidaridad, también lo compartieron en infinidad de grupos sociales.

Mientras tanto, continuaban pasando los días. Mi tratamiento de diálisis continuaba. Infinidad de mensajes brindándome apoyo y ánimo para seguir adelante, continuaban llegando. A cada rato llamaba a Gladys, la coordinadora de pre trasplantes, para saber acerca de mi caso. Ella me decía que ya estaba en la lista, pero que había que continuar esperando.

Al finalizar cada tratamiento de diálisis podías sentirte bien, pero también podía bajarte la presión sanguínea y sentirte mareado. Al principio del tratamiento, varios amigos me llevaban o buscaban; luego decidí ir solo. Una mañana, luego de recibir mi tratamiento, me sentí muy débil. Llegué a mi auto como pude. Encendí el acondicionador de aire y estuve inhalando y exhalando por varios minutos. Me sentí derrotado. Lloré, y en mi desesperación grité y clamé al Señor.

Recuerdo que, en medio del dolor y el llanto, dije: "Señor, estoy cansado. No he perdido la fe. Yo sé que tú me prometiste un milagro, y yo sé que hay que saber esperar en tu tiempo. Pero, Dios mío, ya no puedo más. Estoy sin fuerzas. Te pido, por favor, que esto termine ya". Comencé a llorar. Estuve así por un buen rato. Llamé a mi esposa y le conté cómo me sentía. Ella, como siempre, con su manera tan hermosa, con su dulzura al hablar, me dio palabras de aliento y logró calmarme. Llegué a casa, me acosté y dormí un buen rato.

En la madrugada llevé a mi mamá y a mi hermana Ercilia al aeropuerto, para que regresaran a Puerto Rico luego de haber pasado unos días con nosotros.

En ocasiones, la muerte abre paso a la vida

Al día siguiente, 12 de noviembre del 2019, a las 8:09 a. m., recibí una llamada del Centro de Trasplantes. Era Gladys, la coordinadora de trasplantes. No escuché la llamada porque estaba tomando un baño. Entra mi esposa al baño y descorre la cortina; yo estaba enjabonado y me dijo: "Te están llamando del Centro de Trasplantes". Y yo le respondí: "Pero, déjame quitarme este jabón, secarme y respondo a la llamada". Entre la ansiedad, desesperación e ilusión, olvidé secarme y agarré el teléfono para responder la llamada.

Yo: ¡Buenos días!

Gladys: ¡Buenos días, Carlos! Soy Gladys, del Centro de Trasplantes de Advent Health, para informarle que tengo una oferta preliminar de trasplante. ¿Desea aceptarla?

Yo: "Pero, por supuesto".

Gladys: No es nada seguro aún, porque falta hacer unos estudios adicionales. Lo llamaré en el transcurso del día para hacerle varias preguntas. Manténgase tranquilo.

Imposible mantenerme tranquilo ante tan esperanzadora noticia. Cuando terminé esa llamada, inmediatamente entró la llamada de Janira Torres, compañera de un programa de radio y propietaria de Melao Bakery, firma para la cual trabajaba a tiempo parcial manejando sus redes sociales. Janira me dijo: "Carlos, hay una persona llamando acá y dice que está tratando de conseguirte porque quieren donarte un riñón". Resulta que un matrimonio puertorriqueño, residente en Orlando, había visto varias veces el video que compartí en las redes sociales donde yo solicitaba un donante de riñón.

Mientras todo esto sucedía, en un hospital de la ciudad de Orlando, Florida, había una familia, llorando por la muerte de su hijo menor, quien días antes había sufrido un accidente de motocicleta y acababan de declararle muerte cerebral. Un joven lleno de ilusiones, quien planificaba casarse el próximo año. Era el menor de tres hermanos. Era el alma de la fiesta. Honesto, amoroso, servicial, jocoso y de buen corazón. Casualmente, ese joven fallecido era el hijo del matrimonio que vio mi video en las redes sociales.

Eric, el padrastro del joven, me contactó a través del buzón del Messenger de Facebook y me pidió mi número telefónico. Inmediatamente recibí su llamada. "Hola, Carlos. Tú no me conoces, pero yo a ti, sí. Somos del mismo pueblo, de Caguas, Puerto Rico. Te vi muchas veces, en el centro comercial Plaza Centro Mall, pero nunca me atreví a saludarte. Te conozco porque soy fan de tus programas de televisión. Mi esposa y yo vimos tu video en las redes sociales, donde salías con tu nieta y pedías un donante de riñón. Cada vez que pasábamos por Melao Bakery, decíamos 'Mira, ahí es que trabaja el señor que necesita un riñón y uno no poder ayudarlo'. Quién diría que meses más tarde, nuestro hijo perdería la vida en un accidente. Desde entonces he estado tratando de localizarte porque queremos donarte uno de los riñones de nuestro hijo. Queremos que lo recibas, porque ese muchacho era bueno, noble, alegre y chistoso como tú. Quién mejor que tú para mantener viva su risa y su buen humor".

Mientras Eric hablaba, mis lágrimas salían sin control. Pensaba en el gran corazón de querer bendecirme con uno de los riñones de su hijo, aun con el dolor que Hilda, su esposa, y él estaban pasando ante la pérdida de su amado Prieto, como cariñosamente lo llamaban.

Yo le respondí: "Ay, Eric, yo les agradezco, tan hermoso gesto de amor, pero lo que sucede es que no sé si soy compatible con el nene, porque para mi tipo de sangre es bien difícil conseguir donante porque soy O positivo".

Hubo un silencio. Y de momento se escuchó a Eric gritar, en medio del llanto, pero con alegría: "Nena, nena, él es O positivo, como el nene. ¡Gracias, Dios mío!". Yo no podía creer lo que estaba escuchando. Comencé a llorar y mi esposa me preguntaba acerca de lo que estaba pasando.

Yo, en medio de la emoción, no podía contestarle. No podía creer lo que estaba sucediendo. Le dije a Eric que aun así tenía que esperar por la llamada final del hospital. Le di las gracias y quedamos en comunicarnos, para dejarle saber cuando me llamaran del hospital.

Fue una mañana llena de múltiples emociones. En el trabajo estaba Janira esperándome, y le conté lo sucedido. Mis compañeros de la radio también estaban pendientes a lo que me dijeran del hospital.

Pasa de todo...pero todo pasa.

Luis Daniel Santiago Vélez (Prieto),
mi donante de riñón.

Mis dedicados y prominentes médicos,
ex estudiantes y personal de salud con
gran sentido de responsabilidad y amor…

"Como médico internista por 23 años nos entrenamos y estudiamos arduamente para diagnosticar, dar tratamiento y dar soporte a nuestros pacientes. Es nuestro trabajo día a día.

Al leer este libro, Carlos logra expresar el otro lado de esa vida; ese paciente que estamos tratando. Me tocó grandemente mi lado humano y me puse a pensar de muchos casos que he tratado durante mi carrera. ¡Qué muchas cosas pasarían con ellos aparte de su enfermedad!

Este libro me hizo cambiar mi manera de tratar y relacionarme con mis pacientes, me ayudó a encontrar mi lado humano y a no ver mi carrera como solo un trabajo. Carlos Merced fue mi maestro en la escuela superior y más de 30 años después sigue enseñando e influenciando mi carrera y mi vida.

¡Qué increíble ser humano, que, con tantas vicisitudes y tropiezos en su vida, continúa dando felicidad y haciendo reír a tanta gente!

Hace unos años vi a Carlos haciendo un espectáculo unipersonal de comedia (stand up) en Kissimmee, Florida, donde reside.

Carlos, recién había comenzado su tratamiento de diálisis, lo cual es bien traumático para el cuerpo. Yo traje a mis padres, mi suegra y mi tía desde Carolina del Sur para verlo. Cantó, hizo chistes y bailó, por más de 90 minutos. Como médico yo veía que se sentía muy enfermo, sudoroso, color un poco gris en la piel. En un momento pensé que se podría desmayar, pero nunca detuvo el show. Yo estaba en primera fila listo para comenzar el CPR, pero siguió adelante, como un campeón.

Nos hizo reír sin parar y nunca perdió su sonrisa y la conexión con el público. Este libro me dio acceso a lo que él estaba pasando y si yo lo admiraba antes, ahora pienso que él es un súper héroe.

¡Gracias por este regalo; que Dios te bendiga siempre!"

Kenneth Santiago, MD
Medicina Interna Carolina del Sur

"Tuve el privilegio de conocer al Carlos Merced en algún momento del año 2009, tras ser referido por un amigo en común para su cuidado médico. Estaba recién diagnosticado con enfermedad avanzada de hígado, con cirrosis hepática. Los pacientes en la etapa de su condición a ese momento tienen muy pocas opciones. Se requiere un trasplante de hígado o eventualmente fallecen. En ese momento histórico no existía ningún centro de trasplante de hígado en Puerto Rico. En el 2012 inauguramos el Centro de Trasplante de Hígado del Hospital Auxilio Mutuo y desde entonces hemos trasplantado a más de 400 pacientes. Carlos fue uno de los muchos pacientes puertorriqueños que tuvo que emigrar a Estados Unidos para una oportunidad de vida. Hoy sigue de pie y luchando con cada reto que le ha llegado. Carlos ha decidido compartir con nosotros su vida, su travesía, su odisea como paciente a través de este libro biográfico. En el mismo comparte su proceso de una manera íntima y personal. Describe con humildad sus penas, sus temores, sus percances y sus dificultades como paciente. Pero principalmente comparte con nosotros sus alegrías, sus victorias, su fortaleza, su valentía y, sobre todo, su fe en Dios y sus seres amados.

Carlos, gracias por compartir con todos tu historia de VIDA. Que Dios te bendiga hoy y siempre".

Iván D. Antúnez González, MD
Especialista en Gastroenterología

"De manera inspiradora, sencilla y con el sentido de humor que lo caracteriza, Carlos Merced nos narra su testimonio de fe y esperanza. Carlos logra traer a mi memoria las vivencias compartidas en los más de 30 años de conocernos. En este libro hay espacio para identificarse con un hombre que ha luchado por seguir adelante en su carrera de artista, maestro, administrador; y en sus roles de esposo, padre y abuelo. Carlos es un libro abierto en sí mismo, compartiendo con todos sus lectores las veces que se ha quebrantado su salud, la pérdida de sus familiares cercanos y cómo ha podido superarlo con gracia y eficacia. Considero que este es un libro completo, porque cada capítulo nos lleva a reconocer que para Dios no hay nada imposible, y que siempre llega a tiempo".

Rev. Leslie V. Hernández, MDiv.
Capellán
HCA Florida Osceola Hospital

"El querido amigo Carlos Merced nos lleva a través de su libro a vivir con él los recuerdos de los momentos más significativos de su vida. Junto a él seremos testigos de cómo pudo enfrentarse a duras situaciones. Leeremos cómo la fe y el humor, que tanto lo caracterizan, lo ayudaron a enfrentar la pérdida de sus seres más amados y a batallar contra la enfermedad que por momentos parecía arrebatarle el aliento. Veremos cómo Dios ha sido parte de su proceso, al punto de haber sido receptor de dos grandes milagros. Su alegría, su carisma y su fe son ejemplo para todos los que lo conocemos y tenemos el privilegio de contarlo entre nuestros amigos. No dejes de leer este libro con el que reirás y reflexionarás sobre la vida misma, su fragilidad, y cómo cuando tenemos fe, todo es posible".

Maresa Boneta Dueño
Relacionista Pública
Lifelink Puerto Rico

El poder de vivir en fe y dependencia de Dios

Dios te pondrá por cabeza y no por cola

Recuerdo que Eric describía a su recién fallecido hijo, Luis Daniel, como alegre, servicial y de buen corazón. Tanto así que un año antes de fallecer, les habló a sus padres acerca de su interés por donarle un riñón a un joven compañero de trabajo, quien necesitaba un trasplante de riñón. Deseaba donar ese riñón a su amigo porque decía que era un joven que, al igual que él, tenía metas y sueños por alcanzar, y quería ayudarle por medio de la donación de uno de sus riñones.

En adición, Eric me dijo que Luis Daniel hasta tenía un parecido físico a mí, lo cual pude confirmar al ver varias fotos.

El día transcurrió y llegó la tarde. A las tres comenzaba, como de costumbre, el programa radial Café Contigo, que hacía junto a Janira Torres. Estábamos a la expectativa de las llamadas del hospital. A cada rato tenía que salir de la cabina radial, porque me llamaban del hospital para hacerme diferentes preguntas. Finalmente, me llamó Gladys, la coordinadora de trasplantes, y me dijo que si todo continuaba como iba, me llamarían a las nueve de la noche para indicarme a qué hora tendría que estar en el hospital. Traté de relajarme. Esperé que mi esposa saliera de su trabajo y nos fuimos para nuestra casa.

Cerca de las nueve de la noche, sonó el timbre del teléfono y lo agarré inmediatamente. Miré y vi que en la pantalla decía "Gladys Coordinadora de trasplantes". Mi mano comenzó a temblar. Le dije a mi esposa: "Lesbia, es Gladys". Ella me respondió: "Contesta el teléfono". En efecto, contesté, y Gladys me dijo: "Carlos, ya se completaron todos los análisis y, finalmente, eres compatible. Debes estar mañana a las seis de la mañana en el hospital".

Enmudecí. Mi esposa me preguntó: "¿Qué te dijo?". Y yo le expliqué. Ambos comenzamos a dar gloria a Dios, en medio del llanto y la alegría. Por medio de Gladys me enteré que si no hubiera sido porque los padres del joven hubieran decidido donarme el riñón de su recién fallecido hijo, no habría podido recibir el trasplante, porque yo era el número 200 en la lista de espera.

¡Nuevamente Dios me sorprendió. Del número 200 en la lista, me colocó en el número uno. Llamamos a mi hija y le dijimos la buena noticia. Se puso muy contenta y agradecida de Dios.

Llamé a mi mamá y a mi hermana, a quienes hacía pocas horas había llevado al aeropuerto para que regresaran a Puerto Rico. Su alegría fue de tal magnitud, que decidieron regresar para estar conmigo. Compartí la noticia con los padres del donante y con algunos amigos. Esa noche traté de dormir, pero no pude. Bueno, dormí intermitentemente.

Eran las cuatro y treinta de la mañana cuando estábamos preparándonos para irnos. Mi madre y mi hermana ya estaban en el avión para regresar acá. Yo, con mi equipaje preparado como para viajar a Europa, estaba sentado en la sala, aún sin poder lidiar con esa sorpresa que el Señor volvió a darme.

Miren si Dios orquesta todo perfectamente: me asistió el mismo equipo de trabajo del trasplante de hígado. El Dr. Thomas Chin fue el cirujano y Awilda Fernández fue la coordinadora. Camino al hospital, mi esposa y yo continuábamos orando y no nos cansábamos de darle gracias a Dios.

Llegamos al hospital y nos dirigimos al área que nos habían indicado. Había varias personas en el área y, entre ellos, sin yo saberlo, estaba Esteban Moreno Cárdenas, el joven que recibiría el otro riñón de Luis Daniel. Sí, me refiero al amigo al cual el año anterior, Luis Daniel quería donarle uno de sus riñones. Sus padres decidieron cumplir el deseo de su hijo, bendiciendo a su amigo. Una vez en la salita de espera, llegaron mi mamá y mi hermana, Ercilia. Luego llegaron nuestra amiga Francheska Liz

Vázquez y su padre, quien estaba de vacaciones, acá en Orlando, Florida. Más tarde llegaron Stella Torres e Iris Eduarda Soto, quienes diez años antes habían estado junto a mi esposa y madre, acompañándola durante mi cirugía de trasplante de hígado. Las "Charlie's Angels", como las llamé en aquella ocasión, hicieron acto de presencia, con excepción de Yvette Cáez, quien esta vez no pudo acompañarlas.

Me citaron a las seis de la mañana, pero la operación fue a la cuatro de la tarde. Mientras llegaba la hora de la cirugía, pasé por varios procedimientos previos. Me trasladaron a una sala donde comenzarían a prepararme. Ahí comenzaron los nervios a trabajar. Entré a la sala y hacía un frío horrible. Me sentí como cuando uno entra a buscar los vegetales en el congelador gigantesco del supermercado. En Puerto Rico decimos coloquialmente: "Hacía un frío pelú". Allí me estaba esperando un enfermero puertorriqueño, quien me conocía por mi trabajo como actor. Me recibió con un "Carlitos, yo te conozco". Me dio mucha alegría y me sentí más confiado. Tanto así que comencé a hacerle preguntas. Mi esposa estaba conmigo. Me sentí muy apoyado.

Le comenté al enfermero que lo que más me daba miedo era cuando antes de la operación te amarran, como si uno se fuera a escapar. Él me dijo que no me preocupara, que él se encargaría de poner a través del suero una sustancia que me dormiría de tal manera que no recordaría nada.

Y así fue.

Un conmovedor encuentro de vida

Cuando desperté, ya estaba en el área de recuperación. Allí estaban mi esposa, mi madre, mi hermana y mi amiga Stella. Más tarde llegó mi amiga Karen Díaz, quien previamente, según me dijo mi esposa, le había llevado algunas cositas para comer a quienes esperaban en la salita durante mi cirugía. La operación fue tan exitosa, que no hubo necesidad de llevarme a la Unidad de Cuidado Intensivo.

Una vez ubicado en la habitación, compartí en las redes sociales la noticia del milagro de mi trasplante de riñón. Las reacciones de alegría y gratitud a nuestro Padre Celestial, no se hicieron esperar. Mis amigos de las redes sociales estuvieron orando constantemente por ese milagro.

Tan pronto pude, me comuniqué con Hilda y Eric, los padres de Luis Daniel, mi donante, y les manifesté mi deseo de conocerlos personalmente, y así agradecerles por tan hermoso gesto de amor. Eric estuvo de acuerdo, pero Hilda, obviamente, estaba muy afectada y me pidió que le diera varios días, ya que estaba muy triste ante la reciente partida de su amado Prieto. Comprendí.

Olga Aymat, en aquel momento tele reportera y mujer ancla del Noticiero de Telemundo 31, Orlando, se comunicó conmigo para saber si le permitía ir al hospital para hacerme un reportaje. Me indicó que se había comunicado con los padres de Luis Daniel para que estuvieran también en el reportaje, a lo que Hilda indicó que no estaba aún preparada para ello. Antes de que llegara la reportera, recibí una llamada de Hilda y Eric indicándome que habían decidido ir al hospital para conocerme. Sabía que sería un momento difícil, y pedí a Dios que nos diera paz. Cuando conversamos por teléfono, Hilda me había dicho que había decidido ir porque tenía que comenzar a enfrentar su nueva realidad.

Estando en mi habitación, junto a mi esposa y mi madre, se escuchaban los sollozos de una mujer cada vez más cercanos al cuarto. Por un momento se escucharon muy cerca, como en el área de la puerta, pero yo no lograba ver a nadie. Entonces, finalmente vi entrar a Hilda y a Eric. Él le dio paso a ella para que se acercara a mí.

Mi corazón se estremeció al ver cómo esa madre lloraba desconsoladamente, e inmediatamente me sentí identificado, porque —casualmente— tengo una hija de casi la misma edad de su hijo recién fallecido. Hilda, temblorosa, se acercó a mí. Nuestras miradas se encontraron y, sin mediar palabras, nos tomamos de las manos y comenzamos a llorar. Así estuvimos, por un largo rato... sin hablar... Llorábamos sin parar. Pude sentir el dolor de Hilda, quien continuaba en un inconsolable llanto mientras apretaba mis manos. Eric se mantuvo detrás de Hilda, apoyándola. Solo se escuchaba nuestro llanto, y a mi esposa clamando a Dios por fortaleza para esa madre.

Fue una impresión muy fuerte para mí, a tal magnitud que mi presión sanguínea subió y tuvieron que administrarme medicamento. Cuando por fin pude hablar, les dije a ambos: "No tengo palabras para calmar su dolor. Estoy muy agradecido por ese gesto de amor que tuvieron para conmigo. Ahora somos familia".

Mientras todos llorábamos, mi esposa se acercó a Hilda y le dijo: "¿Me permite orar por usted?". A lo que Hilda asintió. Se confundieron en un abrazo, al cual se unió mi mamá, mientras le decía a Hilda: "Yo la entiendo. Sé lo que está sintiendo. Hace un año perdí una hija. Comprendo su dolor". Eric se acercó a mí y nos dimos un abrazo. Con ese abrazo quise decirle tantas cosas... Quise expresarle mi gratitud por haberse acordado de mí en el momento en el que le preguntaron acerca de a quién donarían los riñones de su hijo.

Luego tuvimos un ratito de conversación, en el cual Hilda y Eric me hablaron acerca de las hermosas cualidades que tenía Luis Daniel. Reiteraron las similitudes que tenía Luis Daniel conmigo: su jocosidad y buen humor, el gran espíritu de servicio, su nobleza de corazón y el parecido físico.

Más tarde, tuve la oportunidad de conocer a Luis Enrique, uno de sus hermanos, y también a su padre biológico, quienes fueron a visitarme. Fue un día de múltiples emociones y de gratitud al Creador por hacer otro milagro en mi vida, y por regalarme una nueva familia.

A veces nos desesperamos, y quizá pensamos que Dios se ha olvidado de nosotros. Olvidamos que Dios es fiel y que siempre cumple sus promesas, pero a su tiempo.

Miren cómo, en mi caso, el hombre hablaba de una remota probabilidad de que apareciera un donante para mí, y aun figurando en el número 200 en la lista de candidatos a trasplante, Dios hizo un milagro y me colocó en el número uno en la lista, gracias a que tocó el corazón de estos padres que recién perdieron a su hijo, y tomaron la decisión de bendecirme con la donación de uno de sus riñones.

Pasaron muchos días de sufrimiento, dolor, desesperación y angustia en el proceso de la diálisis.

Hubo comentarios de muchas personas que trataban de desanimarme, diciendo que era muy difícil conseguir el trasplante. Pero, para el que cree, todo es posible.

Pasa de todo... pero todo pasa.

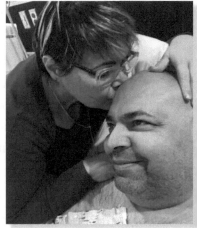

Somos uno en la alegría y uno en el dolor

Y dijo Jehová Dios: No es bueno que el hombre esté solo; le haré ayuda idónea para él. (Génesis 2:18)

¡Cuán cierta es esta Palabra que encontramos en las Escrituras! Desde los primeros momentos compartidos, Lesbia mostró claramente ser mi ayuda idónea. Recuerdo que, cuando estaba presentando una puesta en escena en el Teatro Arcelay de mi amada ciudad de Caguas, Lesbia me cuenta que luego de dar varias vueltas por el pueblo, logró llegar al teatro al cual iba por primera vez. Yo estaba muy emocionado, porque sería la primera vez que yo iba a ser consciente de que mi novia estaría viéndome actuar. No sé si les había contado que Lesbia, antes de conocerme, iba a verme a las obras en el teatro del escritor y mi maestro, Carlos Ferrari, en Nuestro Teatro, en Santurce, Puerto Rico.

Justo el día antes de que ella fuera a verme al teatro, habíamos ido a visitar a unas amigas de ella. Ese día tuve un pequeño accidente. Al tratar de sentarme en un sillón, resbalé y caí sentado en el piso. Recibí un golpe en el coxis. Pensando que no era de gravedad, no le di importancia y me fui a mi casa, y luego al teatro.

Antes de la función, y antes de que Lesbia llegara al teatro, fui al baño. Me di cuenta de que oriné sangre. Me asusté muchísimo, y decidí ir a la Sala de Emergencia luego de que finalizara la función. Cuando terminó la función, le conté a Lesbia lo que me había sucedido y ella se preocupó muchísimo. Dijo que me acompañaría al hospital.

Estuvo conmigo y me demostró tanto amor, pero tanto amor, que esa noche nuevamente confirmé que, definitivamente, ella era un regalo de Dios. Gracias a Dios no fue nada de gravedad. Me dieron unos medicamentos para el dolor y pude continuar con las funciones de teatro.

A partir de ese momento, Lesbia se convirtió en mi compañera de andanzas teatrales. Era mi asistente, me ayudaba en los cambios de vestuario, a aprender y repasar los libretos de mis presentaciones, era mi fiel compañera en el camerino, en fin... nos convertimos en el dúo dinámico. Decidimos que cuando naciera nuestra hija, nos encargaríamos de cuidarla y llevarla con nosotros a todas mis presentaciones. Así fue. Nuestra hija se convirtió en parte del grupo y nos acompañaba a todas mis presentaciones, tanto en el teatro como en la televisión. Nos convertimos en el trío dinámico.

El amor de mi vida es todo lo que anhelaba y mucho más

La dulzura que caracteriza a Lesbia es algo incomparable. Dondequiera que llega, logra cautivar a todos con su personalidad. Se proyecta un poco tímida al principio, pero al transcurrir cinco a diez minutos de su llegada, inevitablemente aflora su encantadora personalidad y se roba el corazón de todos. Es clara como el agua, no tiene filtro al expresarse con esa candidez tan particular que le caracteriza. A veces hasta me da miedo, porque sin pensar dice lo que se le ocurre.

Tiene una chispa para hacer comentarios que arranca carcajadas; pero lo hace espontáneamente, no planifica nada. Su voz, su mirada y su hermosa sonrisa, provocan confianza y admiración, a tal punto que le confían secretos y situaciones personales, aun cuando acaban de conocerla. Es una consejera innata.

A veces pienso que no la merezco. Muchas veces, a causa del estrés, el trabajo, lo acelerado que vivimos y mi enfermedad, uno tiene varios cambios de humor. Algunos medicamentos me causan coraje y, sin querer, con mis comentarios o con mis actitudes hiero sus sentimientos.

No me gusta verla llorar, y varias veces —como en todo matrimonio que no es perfecto— se han dado situaciones en las cuales la he visto muy triste. Pero gracias a Dios, a la comunicación y al amor, lo superamos y seguimos adelante.

Siempre hemos sido un matrimonio muy unido, en las buenas y en las no tan buenas. En mis situaciones y mis procesos de salud, ella ha estado presente y ha sido piedra angular para continuar en pie de lucha; una lucha que decidimos enfrentar unidos. De no ser por el amor tan inmenso que nos tenemos, y el amor y la misericordia de Dios, no sé qué habría sido de nosotros.

Por otro lado, cuando escribo, es quien me da su opinión con el propósito de mejorar o enriquecer lo que escribo. Un secreto, acá entre nos: cuando nos casamos, no sabía cocinar; y yo, que soy amante de la cocina, le enseñé, ¡y ahora cocina mejor que yo! ¡La estudiante superó al maestro!

Lesbia es una mujer muy fuerte, contrario a lo que —quizá— quienes la conocen puedan pensar. Si no es fácil ser la esposa de un actor, peor aún es ser esposa de un hombre con tantas repentinas situaciones de salud. Sin embargo, ella, firme y con mucha fe, me ha llevado de la mano hasta alcanzar la victoria y la bendición.

Cada día, al levantarme, doy gracias a Dios por brindarme la oportunidad de estar vivo; y también por bendecirme con un ser tan hermoso y tan especial, como lo es mi amada esposa.

Juntos hemos disfrutado los mejores momentos, como por ejemplo el privilegio de ser padres, el nacimiento de nuestra hija, verla crecer y convertirse en una buena madre, y el poder amar y disfrutar a nuestras dos nietas. Como padres, quizá, no somos perfectos, pero siempre hemos tratado de darle a nuestra hija, Andrea, un buen ejemplo de lo que es la unión familiar.

Definitivamente, Lesbia es mi ayuda idónea. Soy bendecido con tenerla. Pido a Dios que le dé salud para que, juntos, podamos vivir por muchos años. De todo lo que he vivido, prefiero recordar y atesorar los buenos momentos, y aplicar lo aprendido de los malos momentos.

Porque pasa de todo… pero todo pasa.

El cáncer nos tomó por sorpresa

Llevaba tiempo sintiéndome raro. Experimenté varias situaciones vergonzosas con episodios de problemas estomacales, que propiciaban el descontrol de mis necesidades fisiológicas. Ya no me atrevía ni a salir. Atribuía dichos episodios a efectos secundarios de los medicamentos que utilicé postrasplantes. Una tarde, mi esposa había sido invitada al cumpleaños de la suegra de mi hija. No me sentía bien esa tarde, y le dije a mi esposa que fuera y disfrutara, que de sentirme peor la llamaría para que me llevara a la Sala de Emergencias.

Pasada una hora me sentí mal, sin fuerzas, y la llamé para que me llevara al hospital. Cuando estaba preparándome para salir, me desvanecí y no podía levantarme. Mi esposa trató de levantarme, sin éxito. Llamamos a mi hija para que su esposo ayudara a levantarme. Mi hija estaba embarazada. Al no poder levantarme, decidieron llamar al servicio de emergencias 911. Recuerdo que se necesitó la fuerza de cuatro hombres para lograr levantarme y colocarme en la camilla.

Yo estaba muy asustado. Ellos tomaron los signos vitales y me llevaron al hospital más cercano, donde me hicieron varios exámenes. Al tener fiebre y ser paciente trasplantado, decidieron trasladarme al hospital donde me hicieron los trasplantes. Al llegar al otro hospital, me recluyeron y comenzaron a realizar más exámenes. El color de la orina era como café negro, por lo cual pensé que se trataba de una gran infección. Justo cuando se acercaba el primer aniversario de mi trasplante de riñón, surgió esta situación. Curiosamente, las enzimas del hígado y mi riñón estaban funcionando perfectamente, lo cual tenía a los doctores con varias interrogantes.

Mi infectólogo, el doctor Juan Díaz, me comentó que algo le decía que me enviara a hacer un estudio de tomografía magnética (CT scan) en el área abdominal. Tuve un presentimiento y le pedí a mi nefrólogo, Jorge Kourie, que incluyera en la consulta a mi amigo, el doctor Carlos Alemañy, cuya especialidad es la oncología. Recuerdo que la hepatóloga que estaba sustituyendo a mi hepatólogo se molestó conmigo y me cuestionó el por qué pedí que añadieran al oncólogo en la consulta. Le expliqué que lo pedí en calidad de la amistad y confianza que me unen a él. Al día siguiente, recibí el resultado del estudio, que indicaba una mancha en el hígado. De inmediato recomendaron que me hicieran un estudio de resonancia magnética (MRI).

Pude ver los rostros de preocupación de los doctores: nefrólogo, hepatólogo, infectólogo... en fin, todos lo "ólogos". Obviamente, comencé a asustarme. Me explico: después de cierta edad soy claustrofóbico. De solo pensar que me iban a meter en un cilindro por espacio de media hora o más, pues... no tienen idea de cómo me puse. Inmediatamente pedí un sedante porque, verdaderamente, lo necesitaba. Para colmo, me prohibieron comer a partir de la medianoche. ¡Que, en un hospital, sin nada que hacer, es cuando más hambre le da a uno!

En momentos como ese es que uno recuerda y desea, desesperadamente, comer la comida favorita y deliciosa que preparan nuestras madres; pero tienes que conformarte con tomar un líquido que sabe a no sé qué, y que parece que es un vaso con una cantidad de líquido que no tiene fin. Me tomé la garrafa esa y me llevaron a hacer el estudio. Cuando llegué al lugar y vi el túnel donde me iban a meter, pensé y verbalicé: "¿Yo cabré ahí? ¡Ay, pónganme el sedante para salir de esto ya!".

Gracias al sedante la pasé bastante relajado y regresé a la habitación. Luego comenzaron la ansiedad y la desesperación por saber el resultado del estudio. Al día siguiente regresaron todos los "ólogos", esta vez con caras de mayor preocupación. Me informaron que tenía una pequeña masa en el hígado, lo cual requería una biopsia. A todo esto, mi mente estaba siendo invadida por un sinnúmero de emociones y pensamientos: mi situación, el dolor de tener a mi madre en Puerto Rico con un cáncer de pulmón y principios de demencia. Pensaba en mi esposa, mi hija, mi nieta, mi familia y mil cosas más.

Una noche más sin sueño, pensando en la dichosa biopsia que, gracias a Dios y a la anestesia, no iba a recordar. Amaneció, y estuve todo el día SIN COMER, esperando que vinieran a buscarme para hacerme el procedimiento. Fue de madrugada (y yo "esmayao") cuando vinieron a buscarme. Cuando desperté, ya todo había pasado, mas no recibiría el resultado inmediatamente.

Entonces regresaron los "ólogos", esta vez con cara de "pocos amigos". No encontraban cómo darme la noticia. Uno de ellos comenzó diciendo: "Este es un caso inusual". Otro dijo: "Lamentablemente tienes una masa cancerosa en el hígado". Inmediatamente miré a la hepatóloga que se molestó conmigo cuando pedí que incluyeran al oncólogo en la consulta. Me mantuve en silencio por un rato, y por mi mente pasaron las imágenes de los rostros de mi madre, mi esposa, mi hija, mi nieta y mis hermanos.

Sin embargo, sentí una inexplicable paz. Mi preocupación era cómo decirle la noticia a mi esposa y a mi hija, quien estaba embarazada. Y ni hablar de mis hermanos, y menos a mi madre. Me comuniqué con mis hermanos y les informé. Pero les pedí, por favor, que no le dijeran a mi madre, porque no quería causarle más dolor. Ya era suficiente con el cáncer que estaba pasando.

Me armé de valor y les pregunté a los doctores acerca de las alternativas que había para mí. Me indicaron que antes de hacer cualquier cosa, había que asegurarse que el cáncer no se hubiera propagado a otros órganos del cuerpo, para lo cual era imperante hacer una tomografía de emisión de positrones (PET SCAN). De resultar negativa dicha prueba, determinarían qué tipo de tratamiento recibiría.

Entonces recibí una llamada de mi amada esposa indicándome que ya estaba camino al hospital, y me pidió que le dijera el resultado de la biopsia. Yo le pedí que, por favor, esperara a llegar y le daría los detalles personalmente. Le pedí a Dios que me diera la fortaleza y la paz suficiente para darle aquella noticia a mi esposa. Ansiaba que ella llegara también, porque siempre me traía un delicioso café cargadito, porque el café que preparan en el hospital es horrible; es como agua con color.

Llegó mi esposa con mi café, y de inmediato me dijo: "Por favor, dime cuál fue el resultado de la biopsia, estoy desesperada". Respiré y le dije: "Mi amor, lamentablemente tengo eso que no queríamos escuchar". Nos confundimos en un abrazo y estuvimos llorando por un buen rato. Cabe señalar que los abrazos de mi esposa son sanadores. En ese abrazo percibí su dolor, angustia, preocupación, pero, sobre todo, su gran amor. Me abrazó fuertemente, como queriendo decirme: "Cuenta conmigo, al igual que en todos los procesos que hemos vivido juntos". Cuando logramos calmarnos, tomamos la decisión de luchar juntos y enfrentar la situación como muy bien lo hicimos en los procesos anteriores.

Yo oraba todas las noches y tenía unas hermosas tertulias con Dios, pero esa noche de gran desvelo, oré, clamé, supliqué y lloré, hasta que me quedé dormido. Pedí al Señor que mantuviera en mí esa paz que me regaló, y que me permitiera conocer y ver crecer a mi nueva nieta, que nacería en el mes de abril. Y Dios, tan bueno y fiel, me complació; me dio paz.

Cuando llegué al lugar donde realizarían el estudio, recibí las explicaciones. Había escuchado decir que, en ese estudio en particular, si se encontraba cáncer en diferentes áreas, la máquina comenzaba a encender unas bombillas, como si fuera un árbol de Navidad.

Yo estaba rígido y no me atrevía a moverme, temeroso de que se encendiera alguna bombillita. Aparte de que me daba risa escuchar una voz que venía de la máquina y decía, en un acento muy particular: "Respire profundo y aguante". Es cuando te dan deseos de botar el aire, como una cafetera cuando ya está listo el café. Quiero que sepan que me asusté en vano, porque la técnica me explicó luego que esa máquina no era la de las bombillitas. Me mantuve orando a cada instante, esperando por el resultado. ¡Otra noche en desvelo!

¡Las misericordias de Dios son nuevas cada día!

¡Amaneció! Dios me regaló un hermoso día, con un sol radiante. Entonces, hicieron su entrada triunfal en fila india los "ólogos" y el cirujano, mi querido Dr. Thomas Chin, quien con anterioridad me realizó ambos trasplantes. Sus rostros esta vez eran más relajados, y me indicaron que, gracias a Dios, el cáncer estaba encapsulado y no se propagó a ningún otro órgano.

No tienen idea de la emoción que esta noticia me causó; involuntariamente se me escapó un "Gloria a Dios". De inmediato, comencé a formular varias preguntas. El Dr. Chin me indicó que él podía remover ese tumor sin dificultad, por medio de una cirugía conocida como resección hepática. Estuve de acuerdo y comenzaron a prepararme para efectuar la misma lo antes posible. Mi confianza en Dios y en mi cirujano me brindaron una gran tranquilidad.

Desperté de la anestesia y aún estaba intubado. Estaba confundido. Pensé que aún estaba en la Sala de Operaciones. Esto me impactó, e inmediatamente traté de comunicarme con la enfermera. No podía hablar, y la enfermera me dio una pequeña pizarra para que escribiera lo que deseaba expresar. Me indicó que mi operación había sido la noche anterior, y también me dijo que pronto me removerían el tubo. Luego de removerlo, traté de hablar y no pude. Estaba más afónico que el actor Marlon Brando en su personaje de Vito Corleone en la película *El padrino*, por lo que posteriormente tuve que tomar terapia del habla.

Llegó el momento de cambiar las sábanas de la cama, y para esto, obviamente, tenía que moverme de la cama, lo cual era imposible debido a que estaba recién operado. Pregunté a la enfermera cómo me iba a mover, y ella me dijo: "Ya verá". De inmediato colocó debajo de mí un pedazo de tela cuadrado, que tenía unos orificios en las cuatro puntas. Haló cuatro cadenas que estaban instaladas en el techo y las unió a cada orificio de la tela cuadrada. Oprimió un botón y de repente comencé a elevarme, como cuando hay una construcción y el tractor tiene que remover una roca gigantesca. ¡Me asusté! Jamás pensé que iba a volar dentro de un hospital.

Al día siguiente llegaron unos terapistas y pensé que volaría nuevamente, pero me equivoqué. Esta vez querían que me levantara y que caminara por el pasillo, obviamente con la ayuda de ellos, quienes no les gusta perder tiempo y te apresuran para hacer todo y te acostumbres.

Imagínense, recién operado te tienes que levantar y caminar por el pasillo con una sonda instalada, pues... donde tiene que ir; y, para colmo, vestido, bueno... semivestido, con una indumentaria que tiene una abertura en la parte posterior, la cual permite ir exhibiéndose como lechón en feria. ¡Y con el frío que hace en los hospitales, uno se siente como cubo de hielo andante! Todo esto es parte del proceso que, aunque arduo y complicado, es necesario para la recuperación.

¡Pasa de todo... pero todo pasa!

Cuando Dios te dice lo que nadie te dice

Un día, ya viviendo en el estado de la Florida, sentí una inquietud en mi corazón. Una tristeza y preocupación que no podía explicar. Presentí que algo sucedía y nadie me había dicho nada, quizá por no preocuparme. Se me ocurrió llamar a casa de mi madre, donde también vivía mi hermana Zayda. Por alguna extraña razón, no lograba comunicarme con ninguno de los miembros de la familia. Entonces, mi preocupación y sospecha me hicieron pensar que algo sucedía.

De pronto, recibí una llamada de mi esposa, indicándome que alguien quería reunirse conmigo, en mi lugar de trabajo. Cuando llegué, logré ver en una de las mesas a un amado amigo: el pastor Harry Nieves, a quien mi hermana de la vida, Janira Torres, había confiado una información. Ajeno a todo ese plan, me dirigí hacia el pastor Harry.

Lo saludé y le comenté que había llegado hasta allí porque alguien se iba a reunir conmigo.

Entonces Harry me dice: "La persona a quien te refieres soy yo". Un tanto sorprendido, le dije que me explicara de qué se trataba. Él respiró hondo y me dijo: "Lo que sucede es que tu hermana, Zayda...", a lo cual interrumpí, diciendo: "Yo sé que le pasa algo". Él, sorprendido, me preguntó: "¿Quién te lo dijo?", y yo respondí: "Dios me lo dijo. Hace días tengo una angustia en mi corazón que me tiene muy ansioso. Llamo a su casa y nadie me contesta".

Se mantuvo en silencio, brevemente, nuevamente sorprendido, y continuó: "Zayda está malita". Luego de varios estudios, le diagnosticaron cáncer y ya está en etapa de metástasis".

Al escucharlo, permanecí en silencio mientras mis lágrimas descontroladamente bajaban por mis mejillas. Di un golpe en la mesa como respuesta inmediata ante la impotencia de resolver lo que estaba sucediendo. Por mi mente pasó una película de todos los hermosos momentos compartidos con mi amada Zayda. No fue fácil para el pastor Harry darme la noticia, porque hacía apenas dos años, él había perdido a su esposa, quien fue diagnosticada con la misma enfermedad. Nadie mejor que él para comprender mi dolor.

Cuando logré calmarme, llamé a casa de mi madre y me contestó Zayda. Le dije: "Mi amor, ¿cómo estás?". Ella, con su acostumbrado sentido del humor, me respondió:

"Pues, de lo más bien. ¿Y tú?". Yo respiré hondo, y le manifesté mi preocupación por lo que recién me había enterado. Ella, muy confiada y segura, me dijo: "No te preocupes, yo estoy bien". El escucharla tan animada, me calmó. Le pregunté cuándo sería su próxima cita, y decidí viajar a Puerto Rico para acompañarla y saber verdaderamente los detalles de su estado de salud.

Su doctor me explicó los detalles y me dijo, sin mencionar la palabra cáncer, que, en esa condición, y bajo el cuidado adecuado, podría vivir. Lo que no me dijo fue que solo le daban tres meses de vida.

Luego de varios meses de mi visita a la isla, mis hermanas y mi madre vinieron al estado de la Florida a presenciar mi espectáculo de comedia. Esa noche, casualmente, entre los espectadores se encontraba un grupo de médicos invitados por mi exestudiante, y hoy Dr. Kenneth Santiago. Entre estos se encontraba un gran amigo, el Dr. Carlos Alemañy, un excelente oncólogo radicado en la ciudad de Orlando, Florida. Al finalizar el espectáculo, el Dr. Alemañy se acercó a la mesa donde se encontraba Zayda y amablemente puso sus servicios a la disposición de mi hermana.

Ella regresó a Puerto Rico, junto a mi madre y a mi otra hermana. En el mes de noviembre, celebramos el cumpleaños de mi nieta. Una semana antes recibí una llamada de mi madre, con la idea de aprovechar el viaje que darían para la fiesta de mi nieta y, luego, asistir una consulta con el Dr. Alemañy. De inmediato me comuniqué con el doctor y logré hacer la cita. Llegó el día de la cita y, junto a mi madre, acompañé a Zayda y nos mantuvimos en comunicación, vía telefónica, con mi hermana en Puerto Rico. El doctor examinó su récord, ordenó unos estudios y ofreció varias alternativas de tratamientos a seguir. Escogimos uno de los tratamientos más innovadores y, al mismo tiempo, muy costoso.

Realizamos varias gestiones para poder buscar ayuda económica y costearlo. El tiempo transcurrido para conseguir la ayuda no fue nuestro mejor aliado; todo se prolongó un poco.

Cuando finalmente logramos conseguir parte de la ayuda, comenzó el primer tratamiento. Pasaban los días y tengo que confesarles que yo lloraba a escondidas de Zayda y de mi madre.

Mi amada esposa fue testigo de cuánto sufrí. Mientras oraba, pedía al Señor por mi amada Zayda y por mi madre, quien a sus 79 años luchaba para no mostrarse débil, pero inevitablemente sufría, porque tenía a su hija con cáncer y a mí con mi tratamiento de diálisis, tres veces por semana.

Pasaban los días y yo veía a Zayda deteriorarse poco a poco. No podía entender cómo una mujer tan fuerte como ella, estuviera tan deteriorada y sin apetito. Cada vez que la escuchaba quejarse de su dolor, mi corazón se estremecía. Me decía: "Carlos, ya me quiero ir; estoy sufriendo mucho". Se me hacía un nudo en la garganta, pero no quería llorar delante de ella.

La condición de Zayda estaba muy avanzada. Lamentablemente, previo a su segundo tratamiento, le tomaron los signos vitales y su presión estaba muy baja. De inmediato la trasladaron a sala de emergencias, y luego la recluyeron. Al ver su estado, y sospechando que su partida se acercaba, me comuniqué con mi hermana que estaba en Puerto Rico. En pocas horas llegó, junto a Nayda, una amiga-hermana quien fue solidaria desde que Zayda comenzó sus tratamientos de quimioterapia en Puerto Rico.

Nos comunicamos con nuestros hermanos, Jorge y Jimmy, y les informamos el estado de Zayda. Los últimos días de vida de Zayda, los pasamos juntos. Sus órganos comenzaron a fallar. Ya tenía puesta toda la maquinaria que la mantenía viva.

La noche antes de su partida, una vez que nos habíamos despedido y estábamos a punto de salir del hospital, Zayda nos mandó a llamar. Regresamos inmediatamente. Haciendo un gran esfuerzo, nos manifestó una petición. Casi sin poder respirar, nos dijo: "Cuiden a mi mamá. No dejen sola a mi mamá". Lo dijo en varias ocasiones, mientras mencionaba los nombres de todos los integrantes de la familia. Le pedimos que estuviera tranquila y descansara, porque cumpliríamos su petición.

El 12 de enero será un día inolvidable. Ese día llegaron hasta el hospital varios amigos; de esos que están contigo en las buenas y en las no tan buenas. Pasado el mediodía, con mi corazón destrozado, comencé a cantarle varias alabanzas. Nayda, nuestra amiga-hermana, me acompañó en varias. Sin saberlo, estábamos preparando el ambiente para la partida de nuestra querida hermana.

En la habitación estaban Juanita, mi madre; mi esposa, Lesbia; mi hija, Andrea; y mi sobrina, Dalysette. Mis hermanos Jorge y Jimmy llamaron por teléfono y se despidieron de ella. Entonces llegaron mi prima Millie, mis amigos, los pastores Lismarie y Danito, Yanira y Nelson, Leyda, Janira y Eduardo. Tuvimos un hermoso momento de oración, donde Zayda reafirmó su entrega al Señor, y un poco más tarde fuimos testigos de su partida con nuestro Padre Celestial.

Perder a un ser querido es algo muy doloroso. Sin embargo, estoy agradecido al Señor por permitirme vivir cerca los últimos tres meses de su vida, donde pude decirle muchas veces cuánto la amaba. Donde pude abrazarla cuantas veces quise. Donde pude agradecerle todo lo que hizo por nuestra familia.

ZAYDA L. MERCED GOYTÍA
(2.SEPT.1965 - 12.ENE.2019)

Sus amigos, vecinos, compañeros de estudio y de trabajo, nos acompañaron y tuvieron palabras de elogio y agradecimiento, por lo buena persona que fue. ¡Amigos, regocija saber que está morando con nuestro Señor!

Pasa de todo... pero todo pasa.

Conversaciones con mami

Al Señor Propietario del Universo
Señor: en breve llegará a tu cielo
una tímida y dulce viejecita,
los lirios de los años floreciendo en su pelo
y el rostro sonreido como un margarita.
Es la más hacendosa en la colmena,
donde por todos se ha sacrificado,
y es tan buena, tan buena...;
tal como el pan que a todos nos has dado.

José Antonio Dávila
(Carta de Recomendación, fragmento)

Hablábamos todos los días, al menos dos veces. No teníamos ningún tema en particular. Simplemente era para saludarnos, pedir la bendición y saber cómo estaba.

Yo - ¡Bendición, reina de mi corazón! ¿Cómo estás?

Mami - (con su risa muy particular) ¡Dios te bendiga, mi amor! Estoy bien, gracias a Dios. ¿Cómo estás?

Yo - ¡Bien! ¿Desayunaste? (porque, con el tiempo, los hijos nos convertimos en padres de nuestros padres)

Mami - "Una taza de café".

Yo - "Eso no es comida".

Mami - "Me comí unas galletitas, de esas que tú me recomendaste". Y así continuábamos.

Al final de cada conversación, no faltaba por su parte el "mucho cuidado cuando salgas por ahí. Besos a Lesbia, Andrea y Giulia". A lo cual yo argumentaba: "¿Y para mí no hay beso?". Y ella, riéndose, respondía: "Pues claro".

Luego de la muerte de mi amada hermana, Zayda, mami pasaba el día sola. Bueno, acompañada de su perrita, Venus, hasta que llegaba mi hermana Ercilia. Pasaba sus días pendiente de las orquídeas que coleccionaba y viendo televisión. Yo me pasaba molestándola con mis llamadas, aunque fuera para decirle, "Te amo y qué linda eres". Ella, por su parte, respondía riéndose: "No, tú eres más lindo". El propósito era distraerla un poco, para que no se sintiera tan sola.

Un día, en una de nuestras acostumbradas conversaciones, noté que me dijo lo mismo en varias ocasiones, a lo que le comenté que ya me lo había dicho. Ella, al darse cuenta, sonrió y me dijo: "Ay, mijo, es que parece que me estoy volviendo loca". Le comenté a Ercilia, mi hermana menor, quien vivía con ella, y me comentó que mami llevaba tiempo con esa situación. Recuerdo que en un viaje que hicimos a casa de mi hermano Jaime, en Texas, notamos un poco de confusión en ella, pero pensamos que era porque no se adaptaba al lugar.

La pérdida de mi hermana Zayda y mi enfermedad renal, le afectaron bastante. Tener dos hijos enfermos al mismo tiempo, y lidiar con los tratamientos de cada uno (quimioterapia y diálisis), no es fácil para una madre. Al pasar del tiempo, su condición de deterioro mental fue avanzando. Fue entonces cuando mi hermana Ercilia escuchó una tos que no era normal, y decidió llevarla al médico.

El doctor le hizo unas radiografías, encontró una mancha en el pulmón y envió medicamentos.

La tos continuaba cada vez peor, y mi hermana decidió llevarla a la Sala de Emergencias, donde posteriormente decidieron recluirla. La estadía fue prolongada. Fueron largas noches de tristeza, desvelo y desesperación para mi hermana. Mi hermano, Jorge, a veces iba a quedarse con mami, pero estaba a punto de reintegrarse a su trabajo luego de ser operado de un reemplazo de cadera. Mi hermana también estaba recién operada de la espalda.

Otras veces, cuando podía, nuestra amiga y hermana, Nayda, pasó varias noches con mami. Mis primas, Rosidia y Maritere, también cuidaron una noche a mami. Cuando finalmente me enteré de lo que estaba sucediendo, me desesperé y pedí permiso a mis doctores, para que —debido a que soy trasplantado— me permitieran viajar y poder ayudar de alguna manera a mis hermanos. No era mucho lo que podía hacer, porque los trasplantados no debemos estar en hospitales debido a que nuestro sistema inmunológico está comprometido. Pero estaba seguro de que en algo podría ayudar.

Hablé con su oncóloga, y me indicó que el cáncer de mami estaba muy avanzado, de manera tal que la quimioterapia no solucionaría nada. Entre todos sus hijos decidimos darle calidad de vida hasta que Dios la llamara. Lamentablemente surgió la situación de la pandemia del COVID-19 y, al mismo tiempo, me diagnosticaron cáncer en el hígado. "¡Todo está en nuestra contra!", pensé.

Mis médicos me prohibieron viajar. Estuve recluido por 38 días. Le pedí a mis hermanos que no le dijeran a mami el porqué de mi hospitalización. No quería causarle más dolor. Desde el hospital hablaba con mi hermana y escuchaba cuán difícil la estaba pasando, porque mami no quería dormir y ella tenía que trabajar al otro día. El llanto y la desesperación de mi hermana sobrecogían mi corazón, y en medio del dolor de mi cirugía, yo trataba de consolar a mi hermana y suplicarle a mami que, por favor, se durmiera. Mami, dentro de su condición, no razonaba y no comprendía. Mientras todo eso sucedía, yo clamaba al Señor. Le pedía paz y sosiego para mi hermana y mi amada madre.

La situación estaba muy complicada para todos. Desde el hospital logré conseguir una persona que ayudara con los cuidados de mami, mientras mi hermana trabajaba. Margarita, la cuidadora, resultó ser un ángel para todos. Se encargó de cuidar a mami y la trataba como si fuera su mamá. Mami le tomó mucho cariño. Juntas cantaban, compartían el desayuno, almuerzo y meriendas. En fin, mami se sentía muy a gusto.

Yo hacía tele llamadas, y teníamos conversaciones, pero ya estas eran breves. No podía contener el llanto al ver el estado de deterioro físico que iba teniendo mi amada mamita. Su rostro, voz y movimientos, ya no eran los mismos, y yo trataba de disimular el dolor con algún chiste o pregunta.

Ver postrada en una cama a una mujer que era tan fuerte e independiente, y en ese estado, me rompía el corazón. A pesar de que a veces decía incoherencias, nunca se olvidó de mí.

Yo le preguntaba: "¿Quién soy?". Y ella respondía: "Pues, Carlos". Los días pasaban, y así se acortaba el tiempo; y el día que no deseábamos estaba más cerca.

Mi hermana Zayda cumplía dos años de haber partido a morar con nuestro Señor. Era martes 12 de enero de 2021. En una conversación que tuve con mi hermana Ercilia, me comentó que a mami le estaba faltando la respiración, y que evidentemente esa era señal de que ya había iniciado su proceso de partida. Ella creía que partiría ese día, que era la fecha del aniversario de muerte de mi hermana Zayda. Me narró cuánto sufrió al escuchar la agonía de mi madre.

Al día siguiente, a las ocho en punto de la mañana, mientras me disponía a llevar a mi esposa a su trabajo y a mi hija a una cita médica, sentí algo muy fuerte en mi pecho, que nunca había sentido. Le comenté a mi esposa y a mi hija: "Me siento mal; me falta la respiración".

Comencé a inhalar y a exhalar para tratar de calmarme. Pocos minutos más tarde, recibí un mensaje de texto por parte de mi hermana. Me indicaba que nuestra viejita había partido con el Señor a las ocho de la mañana. Justo cuando sentí aquello en mi pecho.

Mi hija ya había entrado al consultorio de su doctor. Recibir la noticia de esa manera y sin nadie a mi lado, fue algo fuerte. Mis lágrimas comenzaron a salir sin control alguno. Los latidos de mi corazón se aceleraron. De inmediato vinieron a mi mente y corazón un sinnúmero de emociones y pensamientos que no podía controlar.

Lamenté y me recriminé el no haber podido estar con ella en el momento de su partida. El dolor, la desesperación y la tristeza se apoderaron de mí. Creí que estaba preparado para cuando llegara el momento, pero no fue así. Mi primer amor había partido, y ya no iban a volver esos lindos momentos de decirle: "¡Qué linda eres!". Ya jamás escucharía su respuesta: "No, tú eres más lindo". Ya no escucharía más ese hermoso: "Que Dios te bendiga".

Ya no habría más conversaciones, en las mañanas o a cualquier hora del día. Hoy, al levantarme, dije: "Déjame llamar a mami", y al darme cuenta de la realidad, me eché a llorar desconsoladamente. ¡Ay, mami, cuánta falta me haces, y me vas a hacer! Sé que ya estás ante la presencia de nuestro Padre Celestial, pero mi humanidad no me ayuda a comprenderlo.

Pasa de todo, pero… ¿todo pasa?

Los amigos son una bendición

Hay un dicho, o refrán, que reza: "Amigo es un peso en el bolsillo". Por gracia, ese no es mi caso. Durante mis sesenta años, he gozado de la bendición de contar con muchos y buenos amigos. De esos que llegan a convertirse en familia. De esos que están disponibles en las buenas y en las no tan buenas.

Desde mis años escolares, he estado rodeado de buenos amigos. Muchos de ellos me acompañaron desde la escuela primaria hasta la secundaria, y otros fueron uniéndose en el camino. Recuerdo que todos los años los maestros nos amenazaban con que el próximo año nos separarían.

La amistad es un hermoso sentimiento que, lamentablemente, en la actualidad está en peligro de extinción. Tengo amigos de todas las edades. Siempre he sido muy amigable, comunicativo y, por ende, conversador.

Cuando niño, al no tener automóvil mis padres, viajábamos en carro público. Los carros públicos eran modelos de la Checker Motors Corporation, en los cuales había capacidad como para seis u ocho personas. Tan pronto abordaba el mismo, comenzaba saludando con un "buenos días".

Mi madre, que era muy estricta, siempre me advertía antes de subirme al auto que, por favor, no hablara tanto, pues ella entendía que había gente a la cual eso le molestaba. Y es que yo, a mi corta edad, prácticamente entrevistaba a la gente. Bueno, mami decía que yo los confesaba. Pero sucedía lo mismo en las oficinas médicas, en los supermercados, en fin... en todos los lugares a donde íbamos.

A Don Toño, uno de los choferes, le encantaba hacerme bromas llamándome por el nombre de mi hermano. Recuerdo que decía: "Miren, ahí llegó Georgie". A lo cual yo respondía: "Yo no soy Georgie; mi nombre es Carlos Alberto Merced Goitía. Don Toño se convirtió en uno de mis amigos, al igual que todos los choferes que prestaban servicio en mi amado pueblo de Caguas, Puerto Rico. El don de gente y el ser amigable lo heredé de mi amado padre. Con el tiempo, Dios se encargó de poner gente buena en mi camino; en la universidad, en mi trabajo y en la industria del entretenimiento.

Como maestro, logré también desarrollar con mis estudiantes unos hermosos lazos de amistad que aún perduran. Mi experiencia como director escolar fue una de bendición. En las escuelas María Cruz Buitrago y Espino km 12, tuve la bendición de conocer lo que denomino como "gente verdadera", parecido a lo que mencioné en el capítulo 6. El equipo de maestros, el personal no docente y los padres y vecinos de la comunidad, se convirtieron en una linda familia. ¡Cuánto aprendí de ellos!

Recibí lecciones de humildad, compañerismo, solidaridad, apoyo y una verdadera amistad. Con mi mudanza al estado de la Florida, se amplió el núcleo de amistades. Amistades que llegaron a considerarse familia. Tuve amigos de todo tipo. Cuando soy amigo, me entrego totalmente, sin esperar nada a cambio.

Sufrí varias desilusiones, como es natural. Algunos a quienes consideraba amigos se dejaron seducir por calumnias y celos profesionales y me hicieron mucho daño, provocando con sus actitudes el rompimiento de amistades que consideraba verdaderas. ¡Hasta llegaron a cuestionar mi lealtad!

No me gusta utilizar la palabra "enemigos" para describir ese tipo de persona, porque, en realidad, son admiradores con rabia. Aun así, doy gracias a Dios por ellos, porque hasta los que me hicieron daño en algún momento, hicieron algo bueno por mí. Yo prefiero recordar y valorar lo bueno que hicieron. Atesoro todo lo lindo que vivimos y compartimos, y agradezco a Dios por cada uno de ellos.

Muchos de ellos aún continúan siendo mis amigos; otros, pues, ya no, porque hay amigos que son de temporada. Cumplen un propósito en tu vida, y luego cada cual sigue su camino. Hay otros que llegan para quedarse. Como es el caso de mi amiga-hermana, Natalia Padrón, a quien conocí circunstancialmente y con quien comparto mis experiencias de vida. Es paciente de cáncer y ejemplo de fortaleza ante cualquier situación. Es un regalo de Dios, puesto en mi camino, muchísimo antes de que yo fuera diagnosticado con cáncer. Gracias a ella, pude ver la enfermedad desde otra perspectiva y constantemente estamos dándonos apoyo.

En mis momentos de enfermedad ya existían las redes sociales y, por ende, adquirí nuevos amigos, que no necesariamente conocía personalmente, pero que eran seguidores de mi carrera artística y compañeros del medio. ¡Fueron momentos muy duros en los cuales recibí muestras de amor de tanta gente!

El Colegio de Actores de Puerto Rico y mis compañeros de la clase artística organizaron una actividad de recaudación de fondos, donde gran parte de las actrices y actores produjeron un espectáculo, al cual pude asistir. Fue una noche mágica donde recibí el cariño, no solo de mis compañeros artistas, sino de parte del pueblo puertorriqueño que se dio cita en el Centro de Bellas Artes de Caguas.

Políticos, doctores y un grupo de mis compañeros de la clase graduada también hicieron acto de presencia.

Recibí aplausos y abrazos de muchos de los asistentes. Fue una noche de una gran demostración de diversas manifestaciones del arte: poesía, música, zanqueros, drama y comedia. Muchos compañeros que no pudieron asistir, enviaron su colaboración. Mi corazón rebosaba de alegría, emoción y gratitud. ¡Nunca lo olvidaré!

La comunidad escolar del barrio Espino de San Lorenzo, donde me desempeñaba como director escolar, también organizó otra actividad de recaudación. Al enterarse de mi situación de salud, el orientador de la escuela, Ricardo Reillo, organizó una actividad de recaudación de fondos para mis gastos médicos. Contactaron a varios compañeros de la clase artística e hicieron un torneo de softball, vendieron comidas y bebidas, y hasta se vistieron de payasos y pintaron las caritas de los niños.

Toda la comunidad se unió. Hubo un vecino que donó un terreno para usarlo como estacionamiento y cobró el acceso para contribuir con la causa. Hubo música, comedia, trovadores y venta de comida típica. Me contactaron, vía telefónica, conectaron el teléfono a las bocinas y pude agradecer a todos los asistentes. ¡Qué hermoso acto de amor y solidaridad!

En el momento de mi enfermedad del hígado, mis amigos y pastores, Leslie Hernández y Luis Roberto Quiñones, junto a mis hermanos de la iglesia Nación Santa, nos brindaron su apoyo incondicional. Es en los momentos de enfermedad cuando se conoce quiénes son los verdaderos amigos.

Los amigos de las redes sociales enviaban a diario mensajes de aliento y apoyo, que fueron de gran ayuda y bendición. ¡Me llegaban al alma! ¡En el hospital recibí visitas y llamadas telefónicas de tanta gente buena! Viviré eternamente agradecido de todos mis amigos, sobre todo de mi fiel amigo Jesucristo, quien nunca falla. ¡Retomemos el valor de la amistad; no permitamos que se pierda!

Pasa de todo... pero todo pasa.

ESCENA 26

Lo que muchos no saben

Por Lesbia Feliciano

Todos conocen la versión y los procesos por los cuales mi esposo, Carlos, ha pasado. Pero, probablemente desconocen lo que mi hija y yo vivimos. Dejamos nuestra amada isla de Puerto Rico, buscando nuevas oportunidades profesionales y educativas para todos, confiando en que todo estaría bien. Yo estaba finalizando mis estudios post graduados en Orientación y Consejería y estaba esperando que me otorgaran la permanencia en el Departamento de Educación de Puerto Rico.

Cuando mi esposo mencionó la idea de mudarnos hacia los Estados Unidos, inmediatamente me opuse. Carlos decidió ir a una iglesia que no era la que frecuentábamos, porque él decía que, si Dios le iba a hablar, le hablaría en cualquier lugar. Cuando Carlos visitó la iglesia que les acabo de mencionar, el pastor Ricky Torres mencionó lo siguiente: "Aquí hay una persona que necesita irse hacia los Estados Unidos y no ha tomado la decisión. Yo quiero decirle que se vaya porque allá es donde está su bendición".

Mi esposo pidió copia de la predicación. Tan pronto llegó a nuestra casa, me dio el disco compacto para que escuchara lo que el pastor había dicho. Al escuchar el mensaje, llegué a la conclusión de que, definitivamente, Dios había hablado y, en obediencia, tomé la decisión de seguir a mi esposo. No fue fácil comenzar una nueva vida en un lugar desconocido, con leyes, costumbres y estilo de vida totalmente diferentes al nuestro, donde se habla una lengua que no es la nuestra. No es lo mismo ser turista, que residente.

Cuando finalmente estábamos establecidos, nos sorprendió el diagnóstico de enfermedad de mi esposo. Fue como si derramaran un barril de agua fría sobre mí. Para poder lidiar con el proceso, pedí a Dios que me diera fortaleza para sobrellevar y comprender el nuevo reto que la vida nos presentó. Fue muy difícil ver a un hombre saludable, alegre y lleno de vida, en las condiciones en las cuales se encontraba el amor de mi vida; el hombre que Dios puso en mi camino para amarme y cuidarme. Lloré mucho, pero nunca delante de él. Aprovechaba el momento de bañarme para desahogarme llorando y así él no se diera cuenta.

Sucedieron muchas cosas que afectaron el núcleo familiar, sobre todo en el aspecto económico. Quien único trabajaba era yo. Hice lo posible por cubrir todos los gatos, los cuales mi esposo estaba acostumbrado a realizar como proveedor. No resulta fácil tener un estilo de vida diferente al cual estaba acostumbrada. Carlos entraba y salía del hospital en muchísimas ocasiones. Su deterioro físico era cada vez más notable.

Como la situación económica se vio tan afectada, Carlos me pedía que no fuera a visitarle al hospital porque era imposible costear el gasto de combustible. En muchas ocasiones, para poder pagar el estacionamiento del hospital, buscaba por cuanta rendija, gaveta y hasta por debajo de la alfombra del auto, a ver si encontraba dinero para poder pagarlo. Les cuento que Dios tocaba el corazón del empleado del estacionamiento y cada vez que me correspondía pagar, el empleado me decía: "Hoy el servicio es de cortesía. No tiene que pagar".

Eso me sucedió muchas veces. El hospital estaba ubicado a una distancia de una hora y media de donde vivíamos. No me pregunten cómo, pero iba y regresaba del hospital con el marcador indicando que casi no quedaba combustible. No tenía dinero para almorzar, pero siempre había una compañera de trabajo que llevaba algo para mí.

Muchas personas me decían que me preparara para lo peor, porque la situación de salud que estaba pasando Carlos no se veía bien. Sin embargo, yo siempre pensé que Dios era quien tenía la última palabra y estaba segura de que todo saldría bien. No voy a negar que, en mis momentos en soledad, me tiraba al piso a clamar al Señor por fortaleza para poder seguir adelante. Las enfermedades catastróficas no se limitan a amenazar la vida del enfermo.

Arrasa con la familia completa, emocional, física, mental y económicamente.

De todas las pesadillas continuas que vivimos, la noticia que más me impactó fue el diagnóstico de cáncer. Escuchar esa palabra de labios de Carlos me llenó de dolor, al punto de que honestamente, por primera vez, en mi humanidad, la tristeza se apoderó de mí y esa vez no pude contener el llanto. Al escuchar la noticia, nos confundimos en un abrazo y lloramos por un buen rato. Es que previo a eso, recién habíamos perdido a mi cuñada, a mi padre y en esos días, mi suegra también fue diagnosticada con cáncer. Carlos me consolaba diciéndome: "Tranquila, mi amor. Esta es una prueba más que superaremos".

Me refugié en la oración. Tenemos la bendición de contar con familia y buenos amigos, tanto en nuestra vida, como en las redes sociales. Cada vez que pedimos oración, un ejército de buena gente se activa. Nuestros pastores y los hermanos de la iglesia se han desbordado en apoyo, amor y solidaridad. Hemos sentido su abrazo en todo momento. Sin duda, en estos últimos 15 años, hemos visto la mano de Dios obrar a nuestro favor.

Como madre y esposa les digo que, en situaciones como las que hemos vivido, no deben perder la calma. Hay que confiar plenamente en nuestro Padre celestial. Tenemos que estar conectados, refugiándonos en la Palabra de Dios, y no olvidarnos de decirles a nuestros seres queridos, en todo momento, cuánto los amamos. Porque...

Pasa de todo... pero todo pasa.

Mi papá está aquí

Por Andrea Merced

Cuando me preguntan acerca de mi papá, vienen muchas cosas a mi mente, y se me hace un poco difícil responder de inmediato. Desde que tengo conocimiento, papi siempre ha sido un buen hombre. Complaciente, amoroso, con un buen sentido del humor, amable, servidor, pero también con un carácter fuerte, en cuanto a la disciplina.

Me crie, prácticamente, tras bastidores, en los teatros y en los estudios de televisión mientras él ensayaba o actuaba. Verle en el escenario, caracterizando sus personajes, me llenaba de orgullo y admiración hacia él. Mami, él y yo, siempre estábamos juntos. ¡Me sentía muy feliz de estar siempre con ellos!

Recuerdo que, cuando papi tomó la decisión de mudarnos de Puerto Rico, él sugirió que, mi mamá y yo nos quedáramos en la isla hasta que él lograra establecerse en el estado de la Florida. Fue en ese momento, que le dije a mi papá: "No, papi. Somos una familia y la familia debe estar siempre unida, en las buenas y en las malas". Entonces, papi me miró y dijo: "Tienes razón. Nos iremos y estaremos juntos, como hasta ahora lo hemos hecho". Dejar mi Puerto Rico fue difícil, porque si algo aprendí de mi papito fue a amar nuestro hermosa isla. Dejé atrás a mis amigos y vecinos, que tanto amaba, con la fe de que, en la Florida, conocería nuevas amistades.

Cuando llegamos a la ciudad de Lakeland, lugar donde nos establecimos, de inmediato me matricularon en una escuela, a la cual me adapté rápidamente. No tuve problemas con expresarme en el idioma inglés, porque venía de estudiar en una escuela que tenía el programa bilingüe. Recuerdo el primer día de clases. Cuando finalizó el día, papi fue a buscarme y me preguntó: "¿Cómo fue tu experiencia? ¿Te gustó?".

Yo le respondí que me gustó, pero le dije que me dio curiosidad, porque en esta nueva escuela, al principio del día había que hacer la ceremonia de saludar la bandera de los Estados Unidos.

Entonces, le pregunté: "¿Por qué tengo que saludar una bandera que no es la mía?". A lo cual papi respondió, con su acostumbrado sentido del humor: "Nena, recuerda que estamos en gallinero ajeno". Obviamente, hizo alusión a que no estábamos en nuestro país.

Al escuchar la respuesta de papi, le dije: "Vamos a cantar La Borinqueña", que es el himno nacional de Puerto Rico."

Y así lo hicimos. Papi no pudo contener su emoción y comenzó a llorar, hasta llegar a nuestro apartamento. Momentos como ese son inolvidables porque, como les mencioné, mis padres me enseñaron a amar la tierra que me vio nacer.

Más adelante, a mis 11 años, me enteré de que mi papá tenía un problema de salud. No pude comprender cómo un hombre tan saludable podía tener un repentino quebranto de salud, que lo fue deteriorando poco a poco.

Al año siguiente de su diagnóstico, fui a una nueva escuela, donde, casualmente, fui alumna de mi papá. Verle esforzarse tanto para cumplir su responsabilidad como maestro, mientras lidiaba con su problema de salud, hacía que le admirara más, aunque no les niego que, dentro de mí, había una profunda tristeza.

No puedo olvidar las veces que le vi caminar con tanta dificultad, al moverse por la escuela.

Le costaba tanto llegar hasta su salón, que recuerdo que las directoras lo reubicaron en un salón de clases cercano al estacionamiento. Su situación de salud comenzó a deteriorarse y tuvo que ausentarse varias veces, debido a sus hospitalizaciones.

Era muy triste llegar a mi casa y no verle; llegar a la escuela y escuchar a todos preguntarme por él; llegar a su salón de clases y tampoco verle. Sufrí mucho, calladamente. Mis calificaciones se afectaron notablemente.

Era mi año de graduación y estaba fracasada. No tenía deseos de comer. No dormía bien. Escuchaba a mi familia hablar de que lo que podía salvar la vida de mi papá era un trasplante de hígado.

Pedí que alguien me explicara, qué era un trasplante. Mi familia me explicó que el hígado de mi papá ya no funcionaba y que necesitaba uno nuevo. En mi ignorancia, pregunté a mi familia: "¿Y yo puedo darle el mío?". Porque mi amor por mi papito era algo inexplicable.

Un día fui a verle al hospital y lo vi muy deteriorado. Entre mi llanto y preocupación, le dije: "Papi, prométeme que vas a estar presente en mi quinceañero", a lo cual respondió: "Mi amor, Dios nos prometió un milagro y lo cumplirá en Su tiempo. Verás cómo estaré en tu cumpleaños, en tu boda, y presenciaré y disfrutaré del nacimiento de tus hijos y hasta de tus nietos". Prométeme que mejorarás tus calificaciones y lograrás graduarte, porque allí también estaré para celebrar tus logros".

Cuando recibimos la noticia de que apareció un hígado para mi papá, no podía procesar la noticia. Ya realizado el trasplante, logré burlar la seguridad, llegué hasta la sala de cuidado intensivo y allí vi a mi papá conectado a una maquinaria y lleno de cables. Me senté cerca de él y, de repente, despertó y me vio llorar. Con mil esfuerzos y dificultad, me dijo: "No llores, mi amor. Aquí está tu papá". Llena de emoción le respondí: "Papi, no estoy llorando de tristeza; lloro de agradecimiento y felicidad porque Dios me ha devuelto a mi papito. Si hasta hoy creí en el Señor, ahora creeré más".

Dios cumplió su promesa y mi papá pudo estar en mi graduación, en mi boda y actualmente disfruta de sus dos hermosa nietas. En los últimos años, vivimos otros procesos muy difíciles. Tuvo también un trasplante de riñón y cáncer de hígado y pulmón. Son situaciones que continuamos sobrellevando, de la mano de Dios.

¡Damos gracias a Dios por lo vivido, porque a través de los procesos, hemos visto su amor y misericordia para con nosotros!

Pasa de todo... pero todo pasa.

24 | TUSHOW

ROSA ESCRIBANO CARRASQUILLO
rosa.escribano@elnuevodia.com

"Me quedan *muchas cosas* por hacer"

El actor Carlos Merced habla sobre cómo sobrelleva el diagnóstico reciente de cáncer, y cómo lo ha asimilado su familia inmediata

> Mira el video escaneando el código con la cámara de tu celular.

"Con mucha calma, con mucha fe y esperanzado."

Con estas palabras, el actor puertorriqueño Carlos Merced expresó como mantenerse al margen de un poquito de nódulo cancerosos en el pulmón izquierdo, decidió que le fue anunciada a mediados de marzo. Característico de su personalidad, dejar ese almizar por la tristeza no tiene cabida en su manera de asimilar el diagnóstico, que maneja aferrado a la fe y sin apartarse de su sentido del humor.

"La palabra cáncer le para los pelos a cualquiera. Yo como ya no tengo muchos, no tengo problema", dijo entre risas mediante videollamada desde Orlando, Florida, donde reside hace 18 años, y compartió en mostrar para mantenerse motivado.

"Soy el dueño de vivir. Verdaderamente, me quedan muchas cosas por hacer. Estoy terminando la redacción de mi libro, que tuve tanto tiempo con eso", dijo sobre la publicación que trabaja hace varios años con la intención de hablar de su vida...

> Siento la paz que solo Dios da y es esa paz que sobrepasa todo entendimiento, como dice la palabra. Yo me siento fortalecido, tranquilo y confiado, de verdad"
>
> **CARLOS MERCED**
> ACTOR

AGRADECIDO
Merced valora el estar cerca de su esposa, hija y nietas. "Tengo que ver a mis nietas crecer", asegura.

256

ESCENA 28

Llegó sin invitación

Tres meses, posterior a la celebración de que mi sanación de cáncer de hígado, mi hepatólogo ordenó los estudios de sangre de rigor. En los resultados, salió alto el marcador de tumor, en la sangre. Esto, despertó la curiosidad de Dr. Ayman Koteish, mi hepatólogo. Se comunicó conmigo y ordenó una tomografía computadorizada (CT Scan) del pecho, la cual tuvo como resultado, algo que parecía vascular.

Ya saben que cada vez que tengo que someterme a una tomografía o a un estudio de resonancia magnética, resulta traumático para mí entrar. en esa máquina que parece un dona gigantesca, donde en sentido figurado, me convierto en el relleno. Antes de entrar al tubo en forma de dona, ahora pido una pequeña toalla para cubrir mis ojos.

Entonces, comienzo a orar y a cantar alabanzas mientras me meten al oído unos protectores de goma y me ponen unos audífonos, a través de los cuales me dan unas instrucciones, las cuales resulta difícil comprender, debido al ruido que produce la máquina. "Respire profundo y aguante" (segundos que parecen una eternidad) "Puede respirar".

¿Se imaginan lo que es estar asustado y aguantando la respiración dentro de un tubo? Ese tiempo metido en esa dona gigantesca resulta ser tan largo como un día bíblico.

Siempre termino empapado en sudor. No es fácil y lo peor es que, cada tres meses, tengo que someterme a esos estudios.

Mensualmente, me repetían los estudios de sangre, y el marcador de tumor en sangre continuaba subiendo. Al cabo de tres meses, me repiten la tomografía y, al ver los resultados, llegaron a la conclusión de que había llegado, sin invitación, un cáncer en el pulmón izquierdo.

De inmediato, el equipo médico se reunió y consultaron y observaron las imágenes del estudio, desde diferentes perspectivas. Tengo la bendición de tener entre mis amigos al Dr. Carlos Alemañy, destacado oncólogo puertorriqueño, radicado en Orlando, Florida, quien ha estado junto a míi en todos mis procesos de salud.

El Dr. Alemañy se comunicó con mis doctores y me refirieron al Dr. Fourizannia y al Dr. Shridhar, oncólogos-radiólogos, quienes me recibieron en su oficina y me orientaron acerca de las alternativas existentes. Recomendó varias sesiones de radiación, e inmediatamente sometió la documentación al plan médico.

Tan pronto di a conocer mi nueva situación de salud, la prensa y la clase artística puertorriqueña, han manifestado muestras de amor y solidaridad, que han tocado mi corazón.

Mi comadre y compañera actriz, Carmen Nydia Velázquez, se inspiró y escribió la siguiente décima:

Que derrumbe otra pared

que atraviesa su camino

Y con su fervor Divino

Que es calmante de su sed.

Querido Carlos Merced

Aquí va nuestra oración

Que sale del corazón

Y del pueblo que te ama

Mantén Señor esa llama

Dá a tu hijo, sanación.

Les confieso, que, en mi humanidad, cuando me dieron la noticia de que tenía cáncer en el pulmón, llegué a decir: "¡Dios mío, otra vez"! Es en momentos como ese cuando, inevitablemente, me invade la tristeza, pensando en que probablemente me quede poco tiempo de vida y no voy a poder ver crecer a mis nietas. Esas niñas son mi medicina.

En mis oraciones, siempre pido a Dios, que me permita vivir lo suficiente para verlas crecer y ayudar a mi hija a criarlas en la fe. Pienso en todo lo que me falta por hacer. Pienso en mi amada esposa y en lo difícil que sería para ella, el lidiar con mi ausencia.

En la intimidad de mi habitación, a solas, con Dios, lloré desconsoladamente, como un niño.

Lloré, sí lloré, porque se vale llorar. No por falta de fe, sino porque soy humano. Y, en medio del llanto, repaso mi vida y todos los procesos por los cuales he pasado.

En quince años, he tenido dos trasplantes, cáncer cuatro veces, las pérdidas de mi hermana y mi madre, las dificultades económicas, y una que otra infección de bacteria que me ha hecho correr al hospital y permanecer al menos una semana. Pero...¡estoy vivo, disfrutando de mi familia!

Me detengo, reflexiono y veo, claramente, cuán bueno y misericordioso ha sido mi Padre celestial. Veo cuánto me ama. Veo el propósito por el cual aún estoy vivo.

Siempre que atravieso por una situación de salud, el pueblo puertorriqueño se une en oración y, a través de las redes sociales, comienzo a recibir mensajes de apoyo de un sinnúmero de personas que me dicen que están pendientes de mí y que mi testimonio les sirve de motivación para creer y confiar. Mensajes que llegan al corazón y que, sin duda, Dios habla a través de ellos.

Mis hermanos de la IDEA Church Orlando y sus pastores Lisa Coreano y Enzor Rosa, han demostrado un amor incondicional hacia mi esposa y a mí. Vivo y viviré agradecido de la fidelidad y misericordia del Señor y del cariño expresado por tanta gente que ha demostrado que me ama.

¡Confío plenamente en que, no importa lo que mis ojos vean ni lo que mis oídos escuchen, Dios seguirá obrando en mi vida y en la de mi familia!

¡Pasa de todo… pero todo pasa!

Un gran equipo de representantes de la fe, a mi alrededor, durante mis procesos

"Carlos Merced es un gran cómico, posee capacidades únicas y un sentido del humor sumamente creativo, capaz de tocar las fibras más íntimas del ser humano. La primera vez que lo vi fue en la televisión, luego tuve la bendición de conocerlo personalmente en Orlando,

Florida. Él escribe con su viva esencia, tal y como es él. Te vas a reír y a veces vas a llorar, pero siempre mirarás su actitud de gratitud hacia el Señor. Al autor le caracteriza su humildad y su espiritualidad es contagiosa, pues mezcla perfectamente su experiencia cristiana con su sentido del humor y eso lo convierte en un personaje único, de aquellos que hacen tanta falta en nuestro diario vivir.

Este es un libro que te invita a entrar al desierto, pero aún allí te imaginarás una sonrisa en su rostro, donde no pierde la oportunidad de afirmar que la familia es una prioridad y que los momentos duros y difíciles afirman y sostienen más a la familia, tal y como uno de esos pegamentos fuertes. Esta obra nos recuerda que los tiempos difíciles son aquellos tiempos que Dios utiliza para glorificarse y nosotros somos provocados con el deseo de adorar a Dios y entender su soberanía. Carlos fue capaz de hacer una obra cómica sobre su hígado, habiendo sido trasplantado con este órgano. El gran milagro se dio y hoy con regocijo proclama a viva voz que Dios es real. Recomiendo este libro sin reservas".

Dr. Ángel Marcial Estades
Latin America Field Director, Church of God

"En este libro, mi hermano y amigo, Carlos Merced, nos deleita con escritos que no tan solo parten de la experiencia vivida, sino de un corazón agradecido. Con él reiremos, lloraremos y volveremos a reír; esta vez, con la esperanza que lo ha mantenido vivo: el Dios que, por su gracia, lo hizo Su hijo y lo sostiene para darnos alegría y esperanza a todos nosotros. Su humor innato surge en cada capítulo, pero también detrás de cada anécdota jocosa hay un mensaje al ser humano que siente que la vida no se le ha hecho fácil, que se encuentra con grandes retos, pero gracias a Dios, como muestra Carlos en su escrito: "pasa de todo... pero todo pasa".

Rev. Dr. Luis R. Quiñones
Pastor
Nación Santa IPE

"En estas extraordinarias letras de Pasa de todo, pero todo pasa, de mi amado Carlos Merced, encontrarás caídas, nacimientos, pérdidas, cambios, olvidos, alegrías, dolores, guerras, celebraciones, pero también miles de bendiciones. Porque sin lugar a dudas, todas ellas pasan en nuestras vidas, dejándonos fuertes marcas. ¡Hasta que todo pasa! y esto simplemente para Dios darle un magistral cierre a esta obra llamada a su Merced, quien termina de la manera que comenzó: rendido a sus pies. Definitivo que solo así es que se superan los procesos determinados para nuestra asignación de vida.

Amigo que me lees, sin lugar a dudas, este libro recargará tus baterías, te hará bailar con la esperanza y producirá en ti el deseo de concluir tus sueños más anhelados. Carlos, amigo que me regaló la vida, ¡Zumbaaaaa! Lo lograste y está abierto el telón. ¡Qué deleite es poder sumergirme en cada escena y que lograras que fuese partícipe de cada tristeza, pero también de cada alegría!

Ahora brillas con más fuerza que nunca, pues Cristo, nuestra esperanza de gloria, se ha de manifestar de forma poderosa sobre cada lector. Te amo".

**Con amor y cariño,
Pastora Daisy Yamarys Santos (Pastora Yari)
Iglesia AD Ciudad de Refugio**

"Cuando comiences a leer este libro, no lo querrás soltar. Página a página es un hermoso recorrido, desde lágrimas que se abrazan a las circunstancias de la vida, hasta risas que nos dan las más sencillas y a la vez profundas lecciones de fe que debemos emular. Sin lugar a dudas, la vida de mi querido amigo y hermano, Carlos Merced, ha sido y es utilizada por Dios para hablarnos, fortalecernos y acercarnos a Él.

¡Bienvenidos a un viaje único e inspirador!"

**Enzor Rosa
Pastor, IDEA: Esperanza y Adoración Church, Orlando**

"Leer testimonios de personas que se lanzan como Moisés 'mirando al Invisible' y siendo sostenidos por la fe, es increíble, pero cuando esas personas son gente cercana, que amas y has compartido con ellos, es como validar y afirmar ese viaje de fe. Carlos, el querendón de Puerto Rico y vencedor de mil batallas, narra su testimonio de vida, cargado de vivencias, humor, llantos y momentos de desesperación, pero siempre exaltando a Dios desde las etapas "fáciles" hasta las vistas como imposibles desde el ámbito humano.

Pasa de todo, pero todo pasa *es un libro que no puedes dejar de leer. Será uno que no solo servirá para afirmar nuestra fe, sino para entender que cada una de las situaciones de vida son para formar el carácter de Cristo en nosotros. Carlos no solo comunica su vida, sino que más bien abre su corazón, para que entendamos que no importa las dificultades, diagnósticos o momentos difíciles, "Todo obra para bien, para aquellos que aman a Dios" (Romanos 8:28).*

Gracias, Carlos, por tu amor, fe y humildad. Bendecirás miles de vidas por tu testimonio. ¡Méeeeeteeeeleeeeee!"

Pastor Félix José Sepúlveda
Iglesia AC Ciudad de Refugio

"¡Enhorabuena; muchas felicidades, Carlos, ¡por tan excelente proyecto! Hemos tenido la oportunidad y el honor de compartir con Carlos Merced y su familia muchas veces durante estos pasados años. Carlos es portador de una personalidad única y diferente; y lo que más nos llama la atención en sus escritos es que no importando en cuál temporada de su vida él pueda estar (sea buena o mala), él saca lo mejor de sí para continuar adelante y ayudar a otros a levantarse.

¡Definitivamente no puedes dejar de leer su libro! Te sorprenderá ver que, a través de sus páginas, Carlos te puede llevar desde las lágrimas hasta no poder contener la risa. Querido amigo, gracias por el legado y las huellas que estás dejando en este mundo, que está tan falto de buenas obras y de grandes corazones como el tuyo. Siempre dándole la gloria al Señor, ¡te amamos!"

Roberto y Waleska Orellana
Pastores Iglesia Casa de Amor y Fe

"*La mayoría de nosotros conoce a Carlos Merced como el comediante que alegraba a todos los puertorriqueños cada medio día a través de la pantalla chica. Fue allí donde lo vi por primera vez, pero años después tuve la bendición de conocerle personalmente junto a su esposa en un encuentro sin planificar. Jamás pensé que conocer al ser humano, el hombre sencillo y con una humildad tan especial me impactaría tanto. Carlos tiene un don de gente, un amor y una gracia divina que contagia a todo el que le rodea. Escucharlo en cada una de sus experiencias y procesos, definitivamente te impulsará a creer por algo más. Cada vez que lo veo y sé cómo ha vencido tantas batallas, créanme que no te da espacio para quejarte de las propias. Tener el privilegio de leer lo que sé desde ya tocará muchos corazones como lo hizo con el mío, me hace sentir muy privilegiada.*

En esta nueva temporada y este nuevo proyecto no me cabe la menor duda que traerá cambios extraordinarios en la vida del lector. Por eso les invito a adentrarse no en unas páginas cualquiera o un escrito más porque desde ya sé que con algún capítulo te identificarás. Reír y llorar fue algunas de las emociones que experimenté con esta valiosa joya y sé que contigo no será la excepción. En un tiempo donde se están librando tantos procesos donde la gente se siente sin deseos de seguir esta es la herramienta poderosa que Dios permite tengas a tu alcance. ¡NO DEJES PERDER un momento único con un Guerrero Único y Experimentado en lo que realmente es provocar día a día un Gran Milagro!!!"

Nimsy López
Cantante y predicadora

"Siempre pensé que nadie superaría jamás a mi padre a la hora de contar historias. Para mí era un deleite escucharlo. Mi padre tenía una gracia especial que te provocaba escuchar las mismas historias una y otra vez. Pero al leer cada historia narrada por Carlos Merced en grandiosa obra, me quito el sombrero.

Carlos abre su corazón y con total transparencia nos narra su vida.

Magistralmente nos presenta cada experiencia vivida con una serenidad y con su estupendo sentido del humor, logrando que sintamos que estuvimos allí.

Te aseguro que reirás, llorarás, aumentará tu fe y, sobre todo, le agradecerás por compartir sus vivencias".

Dr. René González
Pastor y cantante

"Todo aquel que ha perdido la fe y la esperanza, necesita tener este libro en sus manos. La vida de Carlos Merced es ejemplo de la intervención divina de un Dios todopoderoso que ama a sus hijos. Es imposible no reírse y hasta llorar en los momentos más retadores del autor.

Si alguna vez te has preguntado si los milagros existen, este libro te quitará cada duda y aumentará tu fe. El sentido de la vida se pierde cuando dejamos de creer".

Rev. Elmer Santos Marrero
Pastor principal y fundador
Iglesia del Nazareno Camina
Saint Cloud, Florida

"Cuando veo y escucho a Carlos, veo los contrastes que la vida nos puede obsequiar. Por años lo he visto como todo un profesional, haciendo reír a muchas personas.

Sin embargo, lo he visto con una fuerza resiliente al enfrentar retos enormes relacionados a la salud física y emocional. Dios, familia y el amor de muchos amigos, lo han sostenido en medio de sus adversidades. Dios ha sido —y sigue siendo— primero en su vida.

Por lo tanto, no tengo la menor duda de que las letras impresas en este libro impactarán de una manera u otra a todo aquel que lo lea. Nos hará reír, nos hará llorar, pero también nos hará reconocer a Dios como nuestra esperanza".

Edgar Cortés
Pastor Favor y Gracia Church

"Carlos Merced es uno de los querendones de nuestra amada isla de Puerto Rico. Para mí, un amigo y un hermano de la fe. Una llamada telefónica con Carlos puede ser el relato jocoso de un día lleno de retos. Generalmente, comienza y termina la conversación con un buen sentido de humor, actos de agradecimiento o alguna reflexión del momento. Una de las conversaciones que disfruto tener es cómo Carlos, por los pasados años, ha enfrentado momentos de enfermedad muy difíciles, pero siempre te habla del tema con alguna expresión que su madre hubiese dicho o con una expresión de gratitud a Dios.

Estoy convencida de que, al igual que yo, disfrutarás las conversaciones con la lectura de cada página. Vivirás momentos únicos con un hombre puertorriqueño que siempre tiene algo positivo o lleno de humor para compartir. Sus carcajadas únicas estarán entre las líneas. Y si estás desanimado, sé que te dirá algo, como su frase particular: ¡Méééééteeeeleeeeee!"

Dayna Monteagudo
Escritora y Pastora Favor y Gracia Church

"*Proverbios 15:13 dice que El corazón contento alegra el rostro, mas el corazón quebrantado destruye el espíritu. Si algo ha distinguido a mi hermano Carlos Merced en el tiempo que he podido conocerle, es que su corazón rebosa de contentamiento. Conociendo de primera mano cuánta gente en el ambiente artístico presenta al público un rostro de alegría mientras, a puertas cerradas, batallan ferozmente contra la depresión y la autodestrucción, puedo decir categóricamente que Carlos es una excepción a la regla. Me honro en llamarlo mi amigo.*

Cuando un hombre atraviesa momentos de incertidumbre demuestra de lo que está hecho, y mi compay Carlos ha demostrado vez tras vez que su alegría de vivir excede en mucho cualquier reto. Y, ¿cómo no hacerlo si tiene a Cristo adentro?

¡ADVERTENCIA! Este es uno de esos libros que tan pronto lo empieces a leer, no podrás cerrarlo sin terminarlo. Carlos Merced no solamente te hará reír con sus ocurrencias, sino que te hará pensar profundamente en el impacto que tiene la fe en Jesucristo sobre tu estado de ánimo, e inclusive sobre tu salud física.

Pasa de todo... pero todo pasa, te va a desafiar a ver la vida de una perspectiva sobrenatural".

Charlie Hernández
Cantante y pastor

EPÍLOGO

"Aquí aprendemos a reir con llanto
y también a llorar con carcajadas".
(Juan de Dios Peza, Reir llorando)

Este es un libro tan único, tan original como su autor. Hemos utilizado muchas licencias poéticas, como por ejemplo, incluir tres prólogos. Tuvimos que detener la avalancha de endosos, o se seguía atrasando la publicación... Medio Puerto Rico quiere elogiar a Carlos Merced. Incluso el diseño gráfico del libro se adaptó a lo que él es y representa como artista y como ser humano. Quienes lo conocen, saben que aquí él mezcló risas y lágrimas en un escenario de retos vencidos por la fe. Ese es Carlos: un derroche de ocurrente humor aun en una situación dramática. Yo le digo que, como gran actor profesional, "vive en personaje".

"Frankie" era amigo televisivo de mis hijos, especialmente de mi hijo cuando tenía tres años. Se veían a diario en el programa de televisión, *Entrando por la cocina,* de donde mi hija, nueve años mayor que él, repetía las frases de "Altagracia" y de "Guille". Yo jamás hubiera imaginado que el Carlos de hoy iba a estar tan cerca de mi familia como para comunicarse con mi nuera y celebrar, junto a

Lesbia, las travesuras de mi nieta (la bebé de aquel niño). Dios está lleno de sorpresas.

Nos conocimos fuera de la televisión cuando la actriz puertorriqueña, Yasmín Mejías, le dio mi número de teléfono porque él se había mudado a la Florida y yo vivía en Orlando. A partir de entonces, soy su editora.

Entre uno y otro café, conocí la mujer incondicional, inteligente y bella que tiene por esposa. He vivido la historia de salud, episodio por episodio, y de su fe incondicional. Desde el primer episodio de gravedad, soy cómplice del sueño de publicar este libro como evidencia de lo que pensábamos que era "un milagro" en la vida de Carlos. Bueno, el milagro se multiplicó por cinco o más.

Como super comediante y actor, "Frankie" nos ha puesto en suspenso durante años cuando empezaba a escribir y de momento se detenía; lo interrumpían nuevos malestares. Carlos dice que yo esperaba... pero yo esperaba en zozobra y oración de fe, pidiendo a Dios que pudiéramos realizar su sueño. En el transcurso de todos estos años, conocí, además del comediante,

- Al hombre de extensa cultura, respetado maestro y políglota.
- Al esposo eternamente enamorado; al padre tierno de corazón comprensivo.
- Al abuelo que disfruta a sus nietas en todo lo que hacen.
- Al que ama intensamente todo aquello en lo que trabaja, sea enseñanza o actuación.

Con mi querida editora, Ofelia Pérez.

- Al hombre inteligente que entiende todos los diagnósticos y sabe a quién recurrir.

- Al sabio que deja en las manos de Dios todo eso que los médicos le dicen, porque sabe que el Médico en Jefe tiene su propio pronóstico y está en control...

Les presento al escritor a quien nunca le he escuchado quejarse ni rebelarse al compartir la noticia más amenazante, o peligrosa. Su metal de voz de fe se ha impuesto cada vez que comparte algo. Nunca había conocido una persona que reflejara tanta paz en medio de tan fuertes ráfagas. A veces pareciera que no habla sobre él. Estoy segura de que Lesbia y él lloraron y gimieron a solas. Reflejar al mundo tan profunda fe no solo lo ha fortalecido a él, sino ha movido al mundo. Si Jesús estuviera caminando entre nosotros, diría de él lo que dijo sobre el centurión:

Os digo que ni aun en Israel
he hallado tanta fe (Lucas 7:9).

Carlos no recibió un milagro. Carlos es un milagro vivo. Dios y él han burlado a la muerte cinco veces que sepamos, o cuántas veces que no sabemos. Más que todo, posee el gran milagro de mantenerse inamovible en la fe ante toda humana imposibilidad.

Es dueño del milagro de creer sin dudas, saber depender de su Padre, y poseer la mente de Cristo, el gozo del Señor y la fe de Dios. Carlos, gracias por tu amistad y por honrarme con la oportunidad de editar tu libro, testimonio indiscutible del poder de la fe; de que Dios hace milagros hoy, mañana y siempre.

Ofelia Pérez
Tu editora

Pasa de todo, pero todo pasa... para el que cree.

ACERCA DEL AUTOR

Carlos Alberto Merced Goitía es un ícono de la actuación y un maestro que ha formado cientos de profesionales que aún le buscan.

Su experiencia en teatro va desde excelentes comedias infantiles hasta musicales. Incursiona en el mundo del teatro en 1981 con "Los titingós de Juan Bobo", de Carlos Ferrari; después "La nena de casa", en 1985; "Llegó Papo de Nueva York", en 1988; "Puerto Rico fua", en 1990; "Con el agua hasta el cuello", en 1991; "Los tres cerditos" y "Casa de mujeres", en 1993, "Amor en la hamaca", 1994, "Un mime en la leche" y "La cenicienta", en 1997; "Jesucristo Superstar"; y "Yo me quiero divorciar", en 1998.

Dueño de una innegable versatilidad, Merced ha hecho reír a miles de televidentes desde 1988 con su personaje "Moncho el vago", que interpretara en el programa "Fantástico", transmitido por Telemundo. Posteriormente fue adoptado por la familia de Happy Productions, con quienes laboró en programas como "Entrando por la cocina", "Kiosko Budweiser", "Eso vale" y "Atácate".

En 1998, Merced integró el elenco del programa matutino "A fuego", y debutó en el mundo de las grabaciones discográficas con un compacto navideño lleno de humor. Ese mismo año debutó en Puerto Rico en el teatro musical representando al personaje de "Herodes" en el musical "tropicalizado", "Jesucristo Superstar".

Ha participado como actor, escritor, director y productor en varias producciones teatrales en la Florida central, al igual que en varios programas radiales.

Nació el 4 de octubre de 1962 en Humacao, Puerto Rico, pero se considera cagüeño debido a que residió en Caguas desde que nació. Es el mayor de cuatro hermanos; Jorge, Zayda, Ercilia y Jaime.

Egresado de la Universidad de Puerto Rico, se graduó de Bachillerato en Educación Secundaria con concentración en Lenguas Extranjeras, y posee una Maestría en Supervisión Escolar.

El pueblo de Puerto Rico se unió en oración por su salud; en el mes de mayo de 2010 recibió un trasplante de hígado, y en el mes noviembre del 2019, recibió un trasplante de riñón.

Carlos es un buen ejemplo del amor y la misericordia de Dios, y vive agradecido por el apoyo recibido durante su periodo de enfermedad.

En la actualidad, reside en Kissimmee con su esposa, Lesbia Feliciano, y disfruta del amor de su hija Andrea, Ricky Velázquez y de sus nietas Giulia y Luna.

Su agradecimiento a Dios por los milagros que ha hecho en su vida, lo motivó a crear la Fundación Carlos Merced, donde junto a su esposa Lesbia, brindarán servicios de apoyo a personas y familiares que estén lidiando con diferentes procesos de salud, para dar por gracia, lo que por gracia han recibido.

Muchas gracias al generoso apoyo de
estas empresas en la producción de nuestro sueño.

MUNICIPIO AUTÓNOMO DE CAGUAS

CARLOS MERCED

Para pedidos, contrataciones y presentaciones:
www.carlosmerced.com
carlosmerce@gmail.com
IG @carlosmercedoficial

2103 Walden Park Circle Apt. 102
Kissimmee, FL 34744-6303
407-552-9870
carlosmercedfoundation@gmail.com
IG @carlosmercedfoundation

El propósito de crear Carlos Merced Foundation es brindar apoyo a pacientes, cuidadores y familiares de personas que están viviendo o han vivido un proceso de enfermedad. Muchas veces surgen dudas, temores o preguntas que pueden robarnos la paz. En la fundación Carlos Merced estamos dispuestos a prestar nuestros oídos para escucharles o conversar acerca de las dudas o preocupaciones que puedan surgir. Tenemos un corazón dispuesto para ayudarles.

Made in United States
Troutdale, OR
06/08/2025

31969176R00156